LE DERNIER MOT

SUR

LES COMPTES EN BLÉ DU GÉNÉRAL BENAÏAD

ET

LE PRÉTENDU COMPTE DE BAHRAM.

LE GOUVERNEMENT TUNISIEN

ET

LE GÉNÉRAL MAHMOUD BENAÏAD.

LE DERNIER MOT
SUR LES COMPTES EN BLÉ
DU
GÉNÉRAL BENAÏAD
ET
LE PRÉTENDU COMPTE DE BAHRAM.

PARIS
TYPOGRAPHIE DE HENRI PLON
IMPRIMEUR DE L'EMPEREUR
RUE GARANCIÈRE, 8.

1855

LE DERNIER MOT

SUR

LES COMPTES EN BLÉ DU GÉNÉRAL BENAÏAD

ET

LE PRÉTENDU COMPTE DE BAHRAM.

PROPOSITIONS.

Dès le début de cette discussion, il est essentiel de constater par un chiffre l'immense intérêt qu'ont les agents tunisiens à soutenir leur manière de compter relativement au rendement qu'ils attribuent aux perceptions du général Benaïad comparées à celles de Bahram.

En vertu de leur prétendu compte, ils réclament au général Benaïad les excédants suivants :

121,611	caffis de blé, ou à 150 piastres le caffis.	18,241,650 piastres.
103,585	cafis d'orge, ou à 75 piastres le caffis.	7,768,975
225,196	caffis de blé et d'orge formant ensemble, piastres.	26,010,625

En outre, le gouvernement tunisien prétend absorber encore et avoir acquitté par ce compte la somme de permis de sortie d'huile négociés tant à MM. Fould et Pastré frères qu'à MM. Donon et Cie, et qu'ils laissent dès lors à la charge du général Benaïad. Ces teskérés composent ensemble une somme de 27,099,866

Le bénéfice total que le gouvernement tunisien entend tirer de son calcul est donc de. . . . . 53,110,491 piastres.

Ainsi, d'un trait de plume et sous prétexte d'erreur, le gouvernement tunisien grossit son crédit d'une somme de plus de 53,000,000 de piastres, n'ayant jamais figuré, n'ayant jamais été mentionnée dans les comptes ou à propos des comptes intervenus entre les parties avant le jour de ce débat. Cette revendication compenserait la plus forte partie des sommes réclamées par le général Benaïad, et qui lui sont dues en vertu de ses titres authentiques. C'est un moyen de libération improvisé, et qui n'a surgi que pour la cause et avec la cause.

La seule énormité de ce chiffre suffit déjà, ce semble, pour faire juger et condamner l'invraisemblance, la monstruosité de cette répétition; mais du moins pour oser se produire devant des juges éminents et impartiaux, faudra-t-il qu'elle se présente avec la double preuve éclatante et incontestable des vices qui invalident les titres acquis au général Benaïad, et des actes sur lesquels s'appuie une aussi exorbitante et aussi tardive prétention.

En effet deux prétentions sont en présence :

D'un côté le général Benaïad, armé de ses amras souverains, de ses teskérés, de ses règlements définitifs de compte, tous revêtus de la sanction et de la signature du bey, et soutenant qu'ils font foi jusqu'à inscription de faux ou preuve judiciaire contraire;

De l'autre côté les agents tunisiens produisant un chiffre sans explication, sans justification, *in globo*, sans détails, et fondé uniquement sur des évaluations arbitraires tirées d'une interprétation.

SINCÉRITÉ ET VALIDITÉ

DES

TITRES DU GÉNÉRAL BENAÏAD.

Il est difficile de contester les pièces du général Benaïad. Que leur a-t-on toutefois opposé ? La discussion tunisienne n'est qu'une série de contre-marches et de contradictions.

D'abord devant M. le ministre des affaires étrangères, avant que la commission contentieuse fût investie de son mandat, on présenta une première version : Il n'est rien dû au général Benaïad parce que ses comptes contiennent des doubles emplois, et parce qu'il n'a pas versé les blés qu'on lui a payés par les permis de sortie d'huile.

Cette première assertion est radicalement détruite par le général Benaïad dans sa lettre imprimée en date du 26 juin 1853, adressée à Son Excellence M. le ministre des affaires étrangères.

Le gouvernement tunisien change de thèse.

La commission est instituée, les représentants du gouvernement tunisien arrivent à Paris : dès lors les comptes du général Benaïad sont exacts en eux-mêmes; mais ils ont été dressés à l'insu des ministres et des fonctionnaires compétents; ils ont été surpris à la crédulité du souverain par la faveur d'un sujet déloyal et criminel.

Le général Benaïad confond encore cette nouvelle imposture : il prouve que ses comptes ont passé par toutes les formalités que comporte la comptabilité tunisienne; il prouve qu'avant de les sanctionner et de les signer, le Bey les a vérifiés et contrôlés sur pièces; il prouve qu'avant cette vérification suprême ils ont été soumis à la surveillance, à l'examen, au contrôle du kasnadar; il prouve enfin que sous la direction et par les ordres du kasnadar, ils ont été dressés par les soins et par la main des écrivains officiels du Beylik.

Forcés dans ce second retranchement, les agents tunisiens se réfugient dans une troisième variante :

Ce n'est plus seulement le Bey, c'est aussi le kasnadar qui a été surpris : il a reçu passivement les comptes de la Rapta, il les a passivement proposés à la sanction du Bey (1).

De l'aveu même des agents tunisiens, il n'est donc pas vrai que les comptes du général Benaïad EN TOUTE MATIÈRE fussent, comme ils l'ont affirmé, cachés au ministre compétent. — Pressés par

(1) *Redressement des questions.* Juillet 1855, page 7.

des preuves accumulées, ils sont contraints de confesser l'intervention des ministres dans ces comptes, et ils sont réduits à dénaturer et à contester l'efficacité de cette intervention.

Où s'arrêtera donc dans cette voie l'imagination des agents tunisiens? Quelle garantie restera désormais et au général Benaïad et aux comptables de la régence, si du Bey aux ministres, et puis, comme on le verra tout à l'heure, du ministre aux agents subalternes de l'État, en présence des pièces investies de tous les caractères de l'authenticité, il suffit de répondre pour les détruire : le Bey a sanctionné, mais il n'a rien vu; le ministre a proposé, mais il n'a pas examiné; les écrivains de la comptabilité ont inscrit, mais ils n'ont pas vérifié?

Évidemment ces assertions toutes gratuites ne se pourraient soutenir par elles-mêmes; elles se soutiennent bien moins en présence des preuves qui les démentent.

Le général Benaïad a reproché aux représentants du Bey d'abaisser dans cette circonstance le caractère et la capacité du gouvernement de leur maître; il peut reprocher maintenant aux amis du kasnadar de bien plus graves offenses envers ce personnage. Quoi! investi d'un immense pouvoir et d'une étroite responsabilité, chargé d'être la lumière et le conseil du Bey, ayant à surveiller et à diriger les intérêts les plus considérables de l'État, directeur suprême et contrôleur de la comptabilité publique, le ministre des finances aurait à ce point manqué à ses devoirs, forfait à ses fonctions, qu'il eût laissé passer dans les comptes du général Benaïad un vol permanent, continu, s'élevant en onze ans à cinquante-trois millions de piastres, c'est-à-dire à cinq millions par an! Mais cinq millions, c'est le tiers du revenu total de la régence. Cinquante-trois millions sur les comptes seuls du blé et de l'orge, c'est un de ces déficits de nature à frapper immédiatement l'homme le plus léger. Si c'est ainsi que le kasnadar s'est conduit, c'est lui d'abord qui doit au Bey la réparation d'une pareille faute; elle est inexplicable et impardonnable, et s'il la confesse, il en doit l'immédiate expiation.

Le général Benaïad n'hésite point à déclarer que si cette histoire avait la moindre réalité, les agents du kasnadar se garderaient bien de la révéler; ils chercheraient au contraire à la couvrir du voile le plus épais; et du moment que le kasnadar consent à ce qu'on la lui attribue à Paris, il sait bien qu'à Tunis personne n'y prête la moindre croyance.

Est-ce que dès à présent le général Benaïad n'a pas démontré par une correspondance surabondante les soins, la sollicitude, la méticulosité du kasnadar dans l'examen et dans la vérification des comptes? Est-ce donc à lui à prouver, contre les confidents du kasnadar, que ce premier ministre n'est ni incapable ni aussi misérablement indigne de son poste? On veut, il est vrai, restreindre sa négligence aux comptes de la Rabta; et c'est sur ces comptes que son attention s'est peut-être le plus spécialement portée; sa correspondance déjà produite le prouve; faut-il y ajouter?

Le 21 djoumad el aoual 1262, le kasnadar écrit le billet suivant au général Benaïad :

« Nous vous avons recommandé de nous apporter le *compte du froment;* apportez-nous aussi le » compte de l'orge et les *détails journaliers* qui s'y rattachent (1). »

Cette année 1262 est justement celle où par teskeré du Bey furent réglés les comptes de grains du père du général Benaïad pour les années 1260 et 1261.

Le billet ci-dessus est de djoumad el aoual; le teskeré des règlements est de chaoual. Djoumad el aoual est, dans l'ordre du calendrier arabe, antérieur de trois mois à chaoual. Le kasnadar et le Bey ont donc mis un intervalle de trois mois à la vérification de ces comptes avant de leur

(1) Pièce justificative n° 1.

accorder la sanction, et certes ils ne manquaient d'aucun des documents nécessaires pour leur examen préalable, puisque le kasnadar réclamait afin de procéder à ce travail non-seulement les détails d'ensemble relatifs aux comptes, mais encore *les détails journaliers* dont ils se composaient, et ces détails journaliers, comme le démontre l'intervalle entre la lettre et le teskeré, on a mis trois mois à les confronter et à les vérifier.

En même temps et pendant la vérification même de ces comptes, comme les dates vont le témoigner, le général Benaïad avait signalé la pénurie de blé dans laquelle se trouvaient les magasins du gouvernement. Si le déficit était fictif, le moment était bien mal choisi pour soulever une semblable question. C'était appeler encore plus spécialement l'attention du souverain et du ministre sur les comptes en état de vérification. Pourtant, pendant que cette vérification s'opère, dans le même mois de djoumad el aoual, le 27, le kasnadar n'élève pas le moindre doute sur l'existence de ce déficit, et il écrit :

« Nous avons reçu et compris votre lettre. Notre Maître vous ordonne de *venir demain sans* » *faute auprès de lui*, au Bardo, et *nous nous entretiendrons alors avec vous au sujet du prix* du » froment et de l'orge (1). »

Évidemment encore, cette lettre témoigne du débat et de l'examen des contrats intervenus entre le gouvernement de Tunis et le général Benaïad. Elle témoigne aussi que dans ce qui concerne ses contrats sur le blé, le Bey ne traitait avec le général qu'en présence et après l'avis du kasnadar.

En 1264, nouvelle demande d'un règlement de compte pour le blé. Le 25 redjeb de la même année le kasnadar répond :

« Vos lettres nous sont parvenues. Nous les avons présentées à Son Altesse, *et votre compte sera* » *bientôt terminé*, s'il plaît à Dieu (2). »

Un compte à terminer indique sans doute un compte qu'on dresse, et un contrôle qu'on exerce sur ce compte.

En 1266, nouveau déficit signalé, nouveaux achats à faire. Le général Benaïad demande des ordres et propose un prix. Le kasnadar répond :

« Nous avons parlé à notre Maître et Seigneur au sujet du taux du blé. Son Altesse a répondu » que le prix du froment devait être fixé à 7 piastres l'ouibe seulement. *Elle a insisté pour que le* » *taux fût de 7 piastres l'ouibe*, en disant qu'à ce prix vous auriez encore du bénéfice.

» Faites donc savoir votre intention à cet égard et ce qu'il faut dire au Souverain (3).

» 19 djoumad el tani 1266. »

Cette lettre démontre certainement que le Bey n'acceptait pas en aveugle, ainsi qu'on le prétend, les propositions que lui faisait le général Benaïad; qu'il savait au contraire et entendait discuter ses intérêts. En effet, il offrait un prix que le général Benaïad ne put pas accepter.

(1) Pièce justificative n° 2.
(2) Pièce justificative n° 3.
(3) Pièce justificative n° 4.

Cette résistance était-elle probable de la part d'un homme qu'un examen sérieux de ses comptes aurait rendu débiteur envers le gouvernement de 100,000 caffis de blé, et n'était-elle pas de nature à provoquer et amener cet examen sérieux?

Cependant la négociation se prolonge jusqu'en 1267. Le gouvernement du Bey n'aperçoit encore rien et ne s'avise de rien. Le général Benaïad, de son côté, sur qui pèse la responsabilité de la nourriture de l'armée, élève réclamations sur réclamations, comme on en pourra juger par les paroles mêmes du kasnadar :

« Nous avons reçu vos lettres *au sujet du froment, de l'orge* et *de votre manque de temps pour » les achats,* et aussi au sujet des traites qui ne vous ont pas été payées. *Vous nous dites que vous ne » pouvez plus marcher,* et que vous nous demandez une réponse.

» Sachez que nous ne pouvons pas vous répondre de notre chef. Nous vous répondrons quand » nous aurons entendu la réponse décisive de notre Maître. Nous sommes des esclaves soumis à ses » ordres et à ses volontés; lorsque nous serons réunis, nous conférerons verbalement de cette » affaire.

» 3 hedja 1267. »

« Nous avons reçu votre lettre *relative au froment* pour l'approvisionnement, et à l'orge pour » l'Alfa. *Vous dites que vous avez emprunté de l'orge* et que *vous avez acheté du froment au marché,* » et vous réclamez aussi le prix des fusils que votre Souverain vous a ordonné d'acheter. Nous » vous répondrons que nous avons porté à la connaissance de notre Maître le contenu de votre » lettre, mais Son Altesse ne nous autorise en rien. Lorsqu'elle nous fera connaître ce qu'on doit » faire, nous vous en informerons.

» 3 ramadan 1267. »

« Nous avons reçu votre lettre; nous en avons compris le contenu *relatif au froment, à l'orge* et » au prix des fusils. Aussitôt que nous aurons parlé à notre Maître et Seigneur, nous vous commu- » niquerons sa réponse. *Nous avons commandé* qu'on terminât votre compte. Quant aux autres » articles de votre lettre, nous en conférerons verbalement avec vous quand vous serez de » retour ici.

» 23 chaban 1267. »

« Nous avons reçu votre lettre, dont nous avons entièrement compris le contenu, et nous l'avons » présentée à notre Seigneur. *Quant à votre compte, notre Maître a dit qu'il le finirait jeudi prochain.*

» 5 redjeb 1267. »

Ces comptes dont il est ici question sont bien encore les comptes du blé, car la dernière lettre annonce qu'ils doivent être terminés l'un des jeudis de redjeb, et, en effet, le règlement définitif du compte de blé porte la date de redjeb 1267.

En 1267, comme en 1262, la déclaration du déficit est simultanée avec la demande et l'opération du règlement des comptes. Le kasnadar a toutes les pièces entre les mains. Il n'accepte pas, comme on l'a dit, les comptes tout faits du général Benaïad. Il ordonne, et il le déclare, que ces comptes soient dressés par ses propres agents. Il est averti. S'il y a lieu à suspicion, le Bey lui-même est en éveil. Le général Benaïad leur signifie à tous deux qu'il est réduit à emprunter de l'orge et à se pourvoir de blé au marché. C'est certes le cas de recourir au compte de Bahram, si ce compte contient ce qu'y trouvent les agents tunisiens ; car il va confondre le comptable infidèle, et dont les exigences sont dès lors odieuses. Le Bey et le kasnadar disposent de plus du pouvoir absolu, et cependant les comptes du général Benaïad sont encore une fois approuvés et sanctionnés. Un nouvel achat lui est fait aux conditions qu'il indique (1), c'est le kasnadar lui-même qui préside au règlement, à l'expédition et à la délivrance des teskerés d'huile qui doivent servir à couvrir ce marché ; et l'on ose avancer que le kasnadar n'a fait que subir machinalement les comptes fournis par le général Benaïad !

Les agents tunisiens toutefois ont aperçu que leur seconde assertion sur l'incapacité ou l'incroyable négligence du kasnadar, après leur première assertion sur la fainéantise ou l'aveuglement du Bey, allait pécher par trop d'invraisemblance, et ils ont senti le besoin de la colorer et de la corroborer. Pour cela ils ont encore eu recours à une fiction, à une altération matérielle de la vérité, et voici leurs paroles :

« Pour découvrir la fraude de ces comptes, *il eût fallu un travail personnel et sérieux du » kasnadar,* travail d'autant plus long que, vu *la nature secrète* du fermage, *il ne pouvait se faire » aider par personne.* Loin d'y pouvoir suffire, tout le temps de ce ministre était absorbé par » l'administration de toute la régence, qui ressortit à ses fonctions, et par son assiduité obligée » auprès de la personne du Bey (2). »

Nous verrons tout à l'heure ce qu'il faut penser de la nature secrète du fermage de la Rabta ; mais est-il vrai que dans l'établissement ou la vérification de ces comptes le kasnadar n'ait pu se faire aider et n'ait été aidé par personne ?

Pour oser avancer une telle fable, il faut que les agents tunisiens aient pensé que la Commission avait oublié ce qu'ils ont dit eux-mêmes de la comptabilité tunisienne.

La commission se rappellera certainement que les registres du palais sont tenus exclusivement par les cheiks ou écrivains officiels du beylick.

Elle se rappellera que ces comptes sont établis par les cheiks au moyen de la production des pièces fournies par les apaltateurs ou les fournisseurs ; que ces pièces inscrites sur le registre sont ensuite portées au Bey, qui, après vérification de la conformité de ces registres avec ses mandats, déchire ces derniers, et livre à leur place à l'intéressé le teskeré, qui arrête son compte, et est désormais son seul titre, soit pour le débit, soit pour le crédit.

Il est impossible qu'il en soit autrement, selon les coutumes arabes. Dans les pays occidentaux, en effet, on conserve, dans les archives, les pièces comptables, et elles sont des témoins toujours survivants de la régularité et de la sincérité du compte. A Tunis, comme généralement chez les Musulmans, on procède d'une autre façon. Les pièces comptables sont détruites après déclaration et constatation de leur conformité avec le compte dressé, et ce compte revêtu de la signature souveraine est désormais la seule pièce probante, la seule pièce pouvant faire autorité et titre en faveur du créancier, sauf l'inscription de faux ou la preuve judiciaire que l'acte a été enlevé par la violence ou une fraude matérielle.

(1) Comment ce déficit n'eût-il pas été nécessaire, lorsque avec des revenus à peu près semblables en grains le Bey avait porté son armée de 4,000 hommes à 25,000 hommes !

(2) *Redressement des questions*, page 7.

C'est justement par ces raisons que ces comptes subissent une vérification soigneuse, un contrôle d'autant plus attentif qu'il est définitif et sans appel, et les agents tunisiens ne seraient même pas reçus devant la justice musulmane, devant des arbitres connaissant les mœurs du pays, à soulever des difficultés contre des pièces investies de toutes les formalités qui font loi.

Mais enfin le kasnadar a-t-il été aidé par les cheiks dans l'établissement et la vérification des comptes de la Rabta?

Après ce que nous avons dit, la preuve en sera acquise s'il est vrai que ces cheiks ont inscrit et établi ces comptes sur les registres de la comptabilité.

Ces comptes, on le sait, sont au nombre de cinq :

Le compte de 1256 à 1259, arrêté par le teskeré du 23 moharem 1260 ;

Le compte de 1260 et 1261, arrêté par le teskeré du 28 chaoual 1262;

Le compte de 1262, arrêté par le teskeré du 18 djoumad el tani 1264;

Le compte de 1263, arrêté par le teskeré du 23 ramadan 1265;

Le compte de 1264-65-66, arrêté par le teskeré de redjeb 1267.

Et chacun de ces teskerés porte uniformément la déclaration que les perceptions comme les versements de chaque compte ont été portés sur les registres du palais ARTICLE PAR ARTICLE.

Dès lors, sans aucun doute, les comptes de la Rabta ont été dressés et vérifiés avant l'examen du Bey par les écrivains du gouvernement, et il n'est pas vrai que le kasnadar n'eût personne pour l'aider dans ses vérifications.

Le général Benaïad va plus loin. Comme le kasnadar était son intermédiaire dans toutes ses affaires avec le Bey, il avait souvent pour l'établissement de ses comptes un intermédiaire auprès du kasnadar, et cet intermédiaire était le Bach-cateb lui-même, c'est-à-dire le directeur et le chef de la comptabilité spécialement attaché à la personne du Bey.

C'est le Bach-cateb qui, sous les ordres du kasnadar, a expédié les amras et les teskerés sur les blés en même temps que plusieurs autres teskerés sur des objets divers. Il était pour ces affaires en relation aussi avec le général Benaïad, auquel il transmettait les paroles et les actes du kasnadar. Presque toutes les lettres du kasnadar que nous avons citées sont même écrites de sa main. Encore ici, comme toujours, le général Benaïad a ses preuves et les produit.

Le Bach-cateb lui écrivait le 18 ramadan 1267 :

« Votre seconde lettre est parvenue, mais le maître vizir (le kasnadar) est à Carthage. *J'ai lu à* » *notre Maître* (le Bey) *la lettre que vous m'avez adressée.* Je l'ai informé que vous en aviez » également adressé une au vizir, *mais que celle que je lui lisais était pour moi,* parce que vous » craigniez qu'il ne fût à la campagne. *Son Altesse a ordonné d'écrire un amra du blé* et l'amra de » nomination du notaire que vous demandez. Je vous les envoie. Quant à votre lettre au vizir, elle » est chez moi ; je la lui remettrai dès qu'il arrivera. »

Certes cette lettre atteste que le Bach-cateb était parfaitement initié aux affaires traitées entre le gouvernement tunisien et le général Benaïad relativement à cette question des blés. Le général Benaïad sans doute ne se fût pas permis de charger ce fonctionnaire de la mission qu'il lui confiait auprès du Bey, si ces affaires eussent dû lui rester et si elles lui eussent été inconnues. Le Bach-cateb de son côté se fût bien gardé de s'immiscer auprès du Bey dans un secret que ce prince ne lui aurait pas révélé, s'il y avait eu secret. Continuons.

C'est encore le Bach-cateb qui, au nom du kasnadar, transmet au général Benaïad divers teskerés où figurent également les affaires de blé dans les termes suivants :

« J'envoie à Votre Excellence cinq teskerés *pour le blé, l'orge,* l'huile et l'argent qui ont été » autorisés par le maître vizir. *J'ai pressé pour qu'ils fussent revêtus du cachet du Bey* le jour de » la date de la présente.

» 9 sfar 1268. »

La correspondance du Bach-cateb peut nous apprendre, en outre, ce qu'il y a de vrai dans la négligence prêtée au kasnadar pour l'apurement des comptes :

« Votre chère lettre m'a honoré, et j'ai compris son contenu. Quant à l'amra et au teskeré, » notre Maître les a revêtus de son cachet aujourd'hui.

» Le vizir m'a ordonné de les garder chez moi, *jusqu'à ce qu'il eût conféré avec vous verbalement » de quelques points qu'ils contiennent.* Dans tous les cas, ils sont entre mes mains, revêtus du cachet » de S. A., et jeudi, s'il plaît à Dieu, en nous rendant auprès de vous à votre campagne, accom- » pagné de l'habile écrivain du Bey, notre frère Sidi-el-Bagi, nous vous remettrons ces pièces, » *si toutefois nous en avons l'autorisation du vizir.* Je vous envoie la lettre de S. E. en réponse à » la vôtre, ainsi que vous me l'avez recommandé.

» 16 rabi-el-tani 1268. »

Ainsi, après l'établissement et la vérification des comptes par le directeur et les agents de la comptabilité, après son premier examen personnel, après le travail et la sanction du Bey, même après l'expédition ordonnée des amras et teskerés ou règlements de ces comptes, le kasnadar ne consentait pas encore à la délivrance de ces actes. Si quelques nuages surnageaient dans son esprit, il entendait d'abord les dissiper; si quelques points lui inspiraient des doutes, il arrêtait l'envoi de ces règlements de comptes, jusqu'à ce que ses doutes fussent levés. Ce sont ces précautions, ces scrupules, ces soins, cette exacte observation des devoirs de sa charge que les agents tunisiens transforment en légèreté étourdie ou en complaisance aveugle du kasnadar envers le général Benaïad.

Dès la production de la correspondance du kasnadar, il n'était plus possible aux agents tunisiens de soutenir qu'EN TOUTE MATIÈRE les comptes du général Benaïad étaient soustraits au contrôle et à la vérification soit des ministres responsables, soit des autorités compétentes. Cette affirmation pourtant si hardie et si absolue dans leur *note réfutative,* elle serait encore plus insoutenable aujourd'hui devant les déclarations écrites du Bach-cateb. Les agents tunisiens se ravisent donc, et pour dernière version succédant à tant d'autres versions, ils subtilisent et ils distinguent. Il y a comptes et comptes : les uns publics relatifs aux fermages et apaltes connus des agents de la comptabilité et qui, dès lors, sont à l'abri de toute contestation (*Redressement des questions,* page 4). On l'avoue, c'est un point de gagné, et le général Benaïad en prend acte.

Mais il y a une autre nature de comptes, celle qui touche aux contrats secrets. Sur ce point les agents tunisiens composent toute une théorie. Laissons-les parler eux-mêmes :

« Les troisièmes fonctions exercées par le général Benaïad étaient celles tout exceptionnelles de » *fermier secret.* C'est-à-dire qu'aux termes de ses accords particuliers avec le Bey, il était réelle- » ment fermier de certaines branches du revenu public, mais pour tous les fonctionnaires tuni- » siens, il n'agissait que comme simple mandataire; aussi les comptes de ces fermages n'étaient-ils

» traités par les employés du gouvernement que comme ceux d'un mandataire ou agent, et dès » lors, comme ne pouvant pas être soumis aux garanties de vérification et de contrôle applicables » aux comptes du premier genre de fonctions (les apaltes et fournitures), et *c'est aux comptes » d'agent et à ceux de fermier secret* que se rapporte *particulièrement ce qui a été dit* par le sous- » signé à la première page de sa *Note explicative, à propos de la Rabta* et *non à tous les comptes » d'apaltes, de fermages ou de fournitures, comme M. Benaïad affecte de le dire.* »

M. Benaïad n'a rien affecté; il a tout simplement copié, et il va recopier. Dans leur *note explicative* les agents tunisiens s'exprimaient en ces termes :

« A l'aide de cette faveur et de cette confiance extrême, M. Benaïad s'était arrangé *pour » échapper à* TOUT *contrôle* dans les IMPORTANTES GESTIONS DONT IL ÉTAIT CHARGÉ, et *n'avoir de » comptes à rendre* EN TOUTE MATIÈRE qu'à Son Altesse elle-même. »

Rien de plus net et de plus absolu. *Dans toutes ses gestions*, le général Benaïad s'était arrangé pour échapper à *tout* contrôle. EN TOUTE MATIÈRE il ne rendait compte qu'à Son Altesse elle-même. Voilà ce qu'on a affirmé, et voilà ce qu'on rétracte aujourd'hui, avec cette triste circonstance aggravante qu'après avoir avancé ce qu'on savait n'être pas la vérité, on nie aujourd'hui ce qu'on a placé par écrit sous les yeux de la Commission.

Continuons toutefois à citer la nouvelle version tunisienne :

« Ainsi, de ce qui précède il résulte évidemment ce point important, savoir : que les comptes » d'agent et de fermier secret, et *notamment ceux relatifs à la Rabta, à l'Alfa et à la Koucha, » ont été de fait et bien naturellement soustraits à tout contrôle sérieux et efficace*, puisqu'ils ne » reposaient sur aucune condition écrite, *les conditions secrètes étant comme telles ignorées des » notaires et des fonctionnaires du gouvernement.* Quoi que dît M. Benaïad à ce sujet dans son » dernier mémoire, une preuve de plus de ce qu'avance le soussigné sur ce point se trouve préci- » sément dans les amras approbatifs des comptes relatifs aux opérations dont il s'agit, amras dont » M. Benaïad prétend se faire une arme puissante, dans lequel but il en exagère et en fausse les » conséquences. En effet, sous quel titre est-il dénommé dans les amras concernant la Rabta, » l'Alfa et la Koucha? Sous le titre d'agent, qui est l'équivalent de celui de mandataire, et non » sous celui de fermier; et puisque dans les comptes de tous les autres fermages il est désigné sous » la qualité de fermier, n'est-il pas évident que les notaires et tous autres préposés à la comptabilité » ont dû considérer M. Benaïad comme simple mandataire de la Rabta, de l'Alfa et de la Koucha, » et en recevoir les comptes en conséquence, c'est-à-dire sans révision ni contrôle aucun (1)? »

Toutes ces distinctions et explications assez confuses peuvent se résumer et se traduire très-fidèlement en ces mots :

Le traité relatif au fermage de la Rabta, de l'Alfa et de la Koucha était secret, et par conséquent inconnu aux agents de la comptabilité.

Dès lors ces agents ne pouvaient vérifier si les conditions portées dans le contrat étaient exécutées, et ils s'en rapportaient à la parole du général Benaïad.

(1) Le général Benaïad voudrait bien savoir où les agents tunisiens ont découvert que les simples mandataires ou percepteurs du Bey étaient affranchis du contrôle et de la vérification des officiers comptables.

On sait que pour faire accepter cette version, il faut aussi faire accepter que le Bey jouait le rôle des rois fainéants, que le kasnadar ne daignait pas remplir ses devoirs, et faisait par négligence ou complicité ce que les notaires du Bey faisaient par ignorance. Passons.

On prétend donc que les agents de la comptabilité ont ignoré jusqu'au procès la qualité du général Benaïad comme fermier de la Rabta. Les agents tunisiens n'ont donc pas lu les comptes; ils n'ont donc pas lu les amras d'investiture.

Voyons la succession des faits.

En 1256, le père du général Benaïad est nommé directeur de la Rabta en remplacement de Bahram, de l'Alfa en remplacement de Ben-Abbas, par un amra en date du 13 redjeb de la même année dont voici la teneur :

« A TOUS CEUX QUI AURONT CONNAISSANCE DE NOTRE PRÉSENTE ORDONNANCE, *gouverneurs, agas, caïds,*
» *agents diplomatiques, préfets, sous-préfets, tous fonctionnaires publics et sujets,*

» FAISONS SAVOIR que *nous avons nommé* notre respectable fils *Mohammed Benaïad directeur de*
» *l'entrepôt de blé* du Gouvernement (Rabta), à partir du mercredi 13 de redjeb, se rapportant au
» 28 août de l'ère chrétienne de la présente année.

» *Il percevra et livrera* également les blés du Gouvernement, *et nous lui avons imposé de se con-*
» *former aux mêmes obligations que les autres directeurs en toute chose.* Nous recommandons qu'on
» le respecte et l'honore, afin qu'il n'éprouve ni peine ni contrariété, et qu'il ne soit pas traité
» de la même manière que les simples particuliers.

» Tous ceux qui auront connaissance de notre présente ordonnance devront s'y conformer (1). »

Les agents tunisiens ne prétendront pas sans doute que ce soit là une convention secrète. Elle a bien tous les caractères les plus prononcés de la promulgation et de la publicité.

L'amra pour l'Alfa est de la même date et dans les mêmes termes (2). Il porte à la connaissance de tous la nomination du général Benaïad, et pour le règlement de ces comptes voici comme il s'exprime :

« *Et nous lui avons imposé de se conformer aux mêmes obligations que les autres directeurs de*
» *l'Alfa en toutes choses.* »

A côté de ces dernières paroles la commission aura remarqué celles de l'amra de nomination pour la Rabta :

« *Il est tenu aux mêmes obligations que les autres directeurs en toute chose.* »

Incontestablement c'est avec ces amras sous les yeux, avec une parfaite connaissance de leur contenu, que les agents de la comptabilité tunisienne dressent le premier compte de Mohammed Benaïad pour la Rabta en 1259. Incontestablement encore il n'y avait là rien de secret.

Ce compte embrassant les années 1256 à 1259 a donc été dressé par les notaires du Bey dans toutes les conditions exigées. Les écrivains officiels savaient que les obligations imposées à Mohammed Benaïad étaient celles qu'avaient contractées avant lui les autres directeurs.

(1) Pièce justificative n° 5.
(2) Pièce justificative n° 6.

Ils ont fait ce compte. Il a été soumis au kasnadar. Il a été vérifié et sanctionné par le Bey. L'amra est public. Le teskeré de règlement porte que toutes ses parties ont été inscrites sur les registres article par article; que peuvent demander de plus, d'après leur propre théorie, les agents tunisiens? Et cependant ils portent les comptes de 1256 à 1259 parmi ceux que les écrivains du Bey ont accepté de confiance.

Il n'y a rien de secret dans la gestion de la Rabta de 1256 à 1259. C'est d'une invincible évidence.

Après cette époque, les conditions se modifient en un seul point. De simple directeur de la Rabta et de l'Alfa, Benaïad en devient fermier; il le devient aussi de la Koucha au prix de 100,000 piastres pour chacun de ces fermages, ou 300,000 piastres ensemble.

Les fonctionnaires chargés de la comptabilité ont-ils connu cet affermage?

L'affirmative ressort nécessairement de la simple inspection des deux comptes dressés le 28 chaoual 1262, et en sfar 1267, portant tous deux règlement de divers affermages du général Benaïad, savoir : ceux de Djerby, de l'Ouatan, des Metallit, et enfin du fermage de la Rabta, de l'Alfa et de la Koucha porté en ces termes dans les deux comptes mentionnés :

« Pour la Rabta, l'Alfa et la Koucha du Bardo, pour trois années commençant, etc.,
» 300,000 piastres. »

Ces comptes, on le sait, comme tous les autres comptes, ont été inscrits sur les registres du palais. Ces inscriptions s'opéraient exclusivement par les cheiks ou écrivains. Ceux-ci connaissaient donc et le fermage et les conditions du fermage, aussi bien que les conditions de la gestion.

Ces conditions, en effet, les voici telles qu'elles ressortent de l'amra de nomination de Mohammed Benaïad, sous la date du 13 redjeb 1256, de l'amra confirmant la direction de la Rabta dans les mêmes mains sous la date du 28 chaoual 1262, et du dernier amra confirmatif de sfar 1267.

Par le premier amra public porté à la connaissance de tous, Mohammed Benaïad dirigera l'entrepôt de la Rabta aux mêmes conditions que ses prédécesseurs.

Les deux autres amras sont la confirmation de la direction soit dans la personne de Benaïad père, soit dans la personne de Benaïad fils, avec cette seule et unique modification, qu'un fermage déterminé sera payé par eux.

Sur l'amra public de 1256, les cheiks connaissaient donc les conditions imposées aux versements et aux recettes du général Benaïad de 1256 à 1266, puisque ces conditions n'ont pas varié pendant toute cette période.

Pour le prix du fermage, les conditions ont été également connues par les cheiks, puisqu'ils en ont porté le prix exactement et conformément à la lettre des contrats dans les comptes dressés par eux en 1262 et en 1267.

Dès lors on se demande comment il est possible de soutenir que les termes de la convention tout entière, soit pour la gestion, soit pour le fermage, n'ont pas été connus par les agents de la comptabilité. Mais cette connaissance ressort encore incontestablement du texte même de l'amra de 1262 et des aveux des réponses tunisiennes.

Il suffit de lire l'amra de chaoual 1262 pour qu'il en sorte la conviction certaine que cet amra n'avait ni ne pouvait avoir un caractère secret.

En effet, il ne concerne point seulement la direction et le fermage de la Rabta; il embrasse et détermine les conventions relatives à plusieurs autres fermages, savoir :

Le fermage des revenus de Djerby, l'impôt de ses Saas et de la dîme de ses grains;

Le fermage des revenus de l'Ouatan pour l'huile, l'impôt sur les bestiaux et la dîme des grains;

Le fermage de la Caïterie des Metallit pour la dîme des oliviers, l'impôt des Saas, la dîme des grains, etc.;

Et enfin, pour le quatrième et dernier fermage, il mentionne celui de la Rabta, de l'Alfa et de la Koucha.

Ces quatre fermages sont réglés ensemble, uniformément, par un seul et même compte en 1262 et en 1267.

Or, les agents tunisiens avouant que les écrivains du Bey ont connu toutes les conditions relatives aux fermages qui par leur essence même sont publics et sous leur contrôle direct, ils doivent être contraints à confesser que l'amra du 28 chaoual 1262 a été connu par les préposés de la comptabilité en ce qui concerne les fermages de Djerby, de l'Ouatan et des Metallit.

Dès lors, comment serait-il possible qu'ils ne l'eussent pas connu pour le fermage de la Rabta, qui en fait partie intégrante?

Comment serait-il possible qu'ils ne l'eussent pas connu, quand ils ont porté dans leurs écritures le prix réel et exact du fermage de la Rabta?

Ajoutons une circonstance qui prouve encore mieux que les comptables du Bey n'opéraient qu'avec les contrats, c'est-à-dire les amras d'investiture sous les yeux.

L'amra de 1256 ne stipule aucun prix de fermage. Le général Mohammed Benaïad est nommé directeur de la Rabta aux mêmes termes que son prédécesseur Bahram, qui n'en payait pas. Aussi nulle part sur les comptes on ne trouve un prix de fermage porté pour la direction de la Rabta de 1256 à 1259, ce qui n'empêche point les agents tunisiens de le réclamer, en dépit de la teneur de l'amra, du silence des comptes arrêtés, et de le comprendre dans le chiffre de leurs revendications.

Mais en 1262 et 1267, le fermage avait été réellement convenu et stipulé. Aussi les écrivains du Bey, qui n'en ont point parlé dans le compte de 1260, en débitent fidèlement le général Benaïad dans les comptes de 1262 et de 1267.

Les préposés de la comptabilité n'ont rien ignoré du fermage et de la concession de la direction de la Rabta. La preuve, c'est qu'ils se sont exactement conformés dans leurs écritures aux diverses modifications contenues dans ces amras.

Mais il est un point sur lequel ils n'ont pas varié, c'est sur l'uniformité du règlement auquel a été soumise la direction de la Rabta du jour où elle est sortie des mains de Bahram pour entrer dans celles de Mohammed Benaïad jusqu'à la date du dernier compte arrêté avec Mahmoud Benaïad. Ces comptes, qui embrassent un intervalle de onze ans, sont réglés de la même façon. Ils portent tous les mêmes bonis; le chiffre de ces bonis est mentionné et déterminé. Seulement les agents tunisiens, par une manœuvre dont on a peine à comprendre la hardiesse, ont dissimulé les bonis. Ils ont sur ce point falsifié les comptes. Ils ont écarté et soustrait au débat ces circonstances, qui devenaient leur condamnation inévitable. Cette assertion, le général Benaïad s'oblige à la prouver. La preuve, il ne tardera pas à la fournir. Il l'ajourne seulement pour l'ordre de la discussion qui doit suivre.

Après tant de témoignages décisifs, faut-il une démonstration encore plus matérielle que l'amra du 28 chaoual 1262 n'avait rien de secret, et qu'il était entre autres parfaitement familier aux directeurs de la comptabilité, qu'il était entre leurs mains? Cette dernière démonstration, le général Benaïad peut la fournir aussi à la commission, quoique sans doute déjà convaincue.

En 1265, une erreur considérable se glisse dans le compte de la Koucha. Cette erreur était au préjudice du général Benaïad de près de 4,000 caffis. Elle avait été faite par le Bach-cateb dans l'établissement de ce compte. L'erreur provenait justement d'une infraction au contrat du

28 chaoual 1262 en ce qui concernait le fermage réuni de la Rabta, de l'Alfa et de la Koucha. Le Bach-cateb avait débité le général Benaïad d'une somme de blé supérieure à celle qu'avait versée son prédécesseur Bahrini, dont le bail devait servir, comme on sait, de base et de direction pour tous les règlements et versements de blé du général Benaïad dans les boulangeries.

Ce dernier signala l'erreur au premier ministre, lui en réclama le redressement, et sa lettre invoquait justement les conditions de l'amra du 28 chaoual 1262, lui garantissant le mode de règlement de Bahrini.

Le kasnadar lui répondit :

« A notre cher et sincère ami, Sidi Mahmoud Benaïad, général de brigade, que Dieu le protége !

» Nous avons reçu votre lettre *relative à vos comptes de boulangerie*, et nous l'avons présentée à » Son Altesse, notre Maître et Seigneur. *Son Altesse a également pris connaissance de la lettre qu'a* » *écrite le cheik Bach-cateb.* Notre Maître a ordonné l'ajournement de cette affaire jusqu'à votre » arrivée, samedi prochain, *afin que vous répondiez aux observations du cheik Bach-cateb.*

» Écrit le jeudi 11 djoumal-el-tani 1265. »

Exposons maintenant toutes les circonstances auxquelles fait allusion cette missive. Le général Benaïad n'ayant pu se mettre d'accord sur ce compte avec le Bach-cateb, s'adresse au Bey pour obtenir justice. Le Bach-cateb, de son côté, expose à ce prince les motifs qui le font persister dans son opinion, et c'est cette lettre dont parle le kasnadar. Incertain entre les deux prétentions, le bey ajourne sa décision jusqu'à ce que les deux parties contraires aient comparu et discuté devant lui.

Certes ces faits suffiraient à eux seuls pour détruire l'articulation que les comptes relatifs à ces fermages n'ont été ni examinés, ni discutés, ni vérifiés.

Trois mois après, la question est approfondie, plaidée en quelque sorte devant le Bey. Toutes les pièces sont produites devant lui ; les amras de concession, les livres de Bahrini, les livres antérieurs de Mohammed Benaïad ayant également réglé comme Bahrini. La prétention de Mahmoud Benaïad était que le compte du Bach-cateb le chargeait d'un chiffre de bonification supérieur au chiffre stipulé, au chiffre que donnait Bahrini. Le Bach-cateb, au contraire, soutenait que son évaluation était conforme aux conventions. Les pièces interrogées et les contrats consultés, le Bach-cateb, le kasnadar et le Bey lui-même reconnurent que le général Benaïad avait raison, que sa réclamation était fondée ; et en conséquence un redressement de compte basé sur la teneur des conventions mentionnées fut écrit par le Bach-cateb lui-même, et signé par le Bey sur les registres du palais, déclarant que le compte du général Benaïad est approuvé, et que la différence qu'il réclame est portée à son avoir. Sous cette déduction, son compte au débit et au crédit est arrêté par deux teskerés de la même date, 23 ramadan 1265, écrits également de la main du Bach-cateb, l'un pour la Koucha, l'autre pour la Rabta, et mentionnant l'un et l'autre que les deux comptes sont arrêtés « conformément à l'ordre donné par le Bey, concernant le mode de » régler chacun de ces comptes (1). »

Ainsi le mode de règlement des comptes pour le fermage de la Rabta, de la Koucha, etc., avait été débattu et constaté dans cette discussion entre le Bey, le Bach-cateb, le kasnadar, d'un côté,

(1) Pièces justificatives n°s 7 et 8.

et le général Benaïad, de l'autre. Le Bach-cateb lui-même, qui avait soulevé la difficulté, qu l'avait portée devant le Bey, qui avait rédigé le compte, avait reconnu sur la production des pièces que la façon de compter du général Benaïad était seule conforme aux contrats et aux droits qu'ils avaient créés entre les parties. Il écrivait lui-même sur les registres cette rectification de sa main, et il délivrait au général Benaïad un règlement qui en consacrait la justesse.

Or, quelle était la question? Il s'agissait de savoir d'abord si le règlement du général Benaïad devait se faire conformément au règlement de Bahrini, et ensuite si ce règlement s'était effectué en réalité dans les mêmes conditions. La solution elle-même du débat et par le Bach-cateb et par le Bey implique forcément la connaissance entière du contrat de la Rabta, de la Koucha, etc., de la part du Bach-cateb.

Les agents tunisiens ne connaissaient-ils point ces circonstances? Au contraire. Ils les connaissaient si bien, qu'ils ont eu le courage, dans leur compte de la Rabta (1), de revenir sur cette rectification, et de l'annuler de leur plein pouvoir. On trouve, en effet, sur leur compte, au débit du général Benaïad, cette mention sous l'invocation de l'amra susdit du 23 ramadan 1265 :

« Blé passé à son crédit dans les comptes de la Rabta. 3,639 15
» Bonification des galettes comprise dans la bonification de mesure de
» cette année, *et qui ne devait pas y être*. . . . . 531 14 »

Ce sont précisément les sommes restituées au général Benaïad, après les vérifications indiquées et le souverain jugement du Bey.

Par toute l'argumentation qui précède aussi bien que par les démonstrations antérieures, il reste, ce nous semble, établi :

Que le Bey n'était point ce prince aveugle et faible peint pour la cause par les agents tunisiens, et qu'il a porté toute son attention et toute son intelligence à vérifier et contrôler les comptes du général Benaïad;

Que le kasnadar n'a pas été, comme on le dit, un complaisant du général, et qu'il a toujours rempli envers lui et sa comptabilité tous ses devoirs de vigilance et de surveillance;

Que les cheiks ou notaires du gouvernement ont dressé tous les comptes dont les teskerés déterminent la balance ou portent la quittance avec toute connaissance de cause et avec toutes les pièces nécessaires pour les diriger et les éclairer;

Que les comptes relatifs aux fermages ou à la gestion de la Rabta, de l'Alfa et de la Koucha ont été dressés, inscrits et contrôlés avec les mêmes formalités et les mêmes circonstances que tous les autres comptes;

Qu'enfin les contrats de gestion ou de fermage de ces trois directions n'ont jamais été secrets; que par leur caractère même ils excluaient le secret, et que les écrivains du Bey en ont eu nécessairement connaissance, puisque, d'un côté, ils en ont régulièrement et exactement inscrit le prix sur les registres; qu'ils ont fait figurer ce prix sur ces comptes successifs, et qu'enfin le Bach-cateb lui-même a eu à débattre et à déterminer devant le Bey quelles étaient la nature, l'étendue et la portée de ces conventions.

Ces points établis montrent également à quels subterfuges déplorables et à quel système de variations sont condamnés aujourd'hui les agents tunisiens pour soustraire leur gouvernement aux

(1) *Note explicative*, page 12.

obligations authentiques qu'il a contractées envers le général Benaïad, après les avoir successivement et sans contestation revêtues pendant un espace de quinze ans de sa sanction, de sa signature et de son acceptation absolue, après même les avoir exécutées et payées en partie.

Au reste, pour serrer le débat et le conclure sur ce point, les comptes de la Rabta, tels qu'ils ressortent des teskerés ou règlements de compte, répondent-ils aux conditions que les agents tunisiens eux-mêmes exigent et définissent pour former ce qu'ils appellent « un titre de libération définitive à l'abri de toute recherche? »

« Un arrêté de compte de Son Altesse, disent-ils, ne pourrait avoir cette efficacité que pour les » comptes d'apaltateur, fournisseur et fermier, en suite de concessions patentes, parce que ces » comptes seuls présentaient des garanties de régularité, n'étant transcrits sur les registres qu'après » avoir été vérifiés et contrôlés sur pièces d'après les conditions ou cahiers des charges toujours » connus des employés de la comptabilité. » (*Redressement des questions*, page 6.)

Le général Benaïad prétend, il prouve et il a prouvé que les comptes de la Rabta et les teskerés exprimant et sanctionnant les résultats de ces comptes remplissent toutes ces conditions.

La Rabta était-elle un fermage? Les agents tunisiens répondent eux-mêmes en demandant 1,120,000 piastres pour l'apalte ou fermage de la Rabta, de l'Alpha (1), etc.

Le fermage de la Rabta a-t-il eu lieu en suite de concessions patentes?

Le général Benaïad répond et a répondu par l'amra de redjeb 1256, donnant connaissance à tous, ministres, fonctionnaires ou sujets, de l'investiture de Mohammed Benaïad comme directeur de la Rabta et de l'Alfa, et par les amras de chaoual 1262 et de sfar 1267, qui ne sont que des actes confirmatifs du premier, et qui, en outre, embrassent un ensemble de concessions toutes publiques, dans lesquelles est comprise l'apalte elle-même de la Rabta.

Les conditions ou cahiers des charges relatifs à la Rabta ont-ils été connus par les employés de la comptabilité? Ils étaient publics, comme il est déjà prouvé. Les employés de la comptabilité en ont inscrit les effets et les chiffres sur les registres à mesure qu'il y avait lieu, et enfin le Bach-cateb lui-même a eu à débattre contre le général Benaïad ces conditions devant le Bey.

L'intervention du Bey dans ces comptes, elle est prouvée par sa sanction et sa signature. Le contrôle et la surveillance du kasnadar, ils sont prouvés par toute sa correspondance, par les faits, par les actes où sa personne ne cesse d'être présente et d'agir. La vérification des agents comptables, elle est prouvée par l'organisation même de la comptabilité tunisienne. Elle est prouvée par ce que, seuls, ils ont pu régler et ont réglé les comptes; par ce que, seuls, ils ont pu les inscrire et les ont inscrits sur les registres; par ce qu'en effet ils les ont inscrits avec détail, article par article, et par ce qu'enfin la preuve est faite que le directeur de la comptabilité établissait, surveillait, débattait et vérifiait lui-même la sincérité de ces comptes.

Que reste-t-il désormais au général Benaïad à prouver? Comment les agents tunisiens peuvent-ils prétendre que ce sont là des titres à la fois apparents et suspects, et qu'il faut en revenir à de nouvelles vérifications impossibles, puisque les pièces comptables remises au Bey ont été, suivant l'usage, déchirées par la main de ce prince?

Quelles preuves pourraient suffire si, dans les circonstances que nous venons d'indiquer, les déclarations les plus authentiques, les quittances les plus solennelles ne suffisent pas? Et enfin, à ces pièces concordantes, successives, accablantes, inattaquables, qu'opposent donc et que prétendent faire prévaloir les agents tunisiens devant des juges français, devant l'élite des jurisconsultes et des magistrats de la nation la plus civilisée du monde?

(1) *Note explicative*, page 28.

SCANDALE

DES

PRÉTENDUS COMPTES DE BAHRAM.

« Les comptes délivrés au général Benaïad, signés et sanctionnés par le Bey, sont faux. Les quittances sont surprises. Les teskerés de règlement ne sont que des apparences suspectes. » Les représentants de Tunis écartent tout cela, et mettent à la place un chiffre de plus de 53 millions de piastres, qu'ils fabriquent au débit du général Benaïad.

Mais, comme on l'a dit, pour détruire des titres authentiques et publics, il faut au moins d'autres titres; pour démentir des pièces officielles investies de toute la gravité, de toute l'autorité de la loi, il faut au moins d'autres pièces; pour demander au bout de quinze ans 53 millions de piastres à un homme dont on a reconnu, accepté, signé et quittancé les comptes, il faut au moins pouvoir fournir quelques éléments de conviction. Il ne peut pas suffire de grouper des chiffres; il ne peut pas suffire de bâtir un prétexte à ces chiffres groupés par une interprétation donnée tout à coup, après coup. Mais les agents tunisiens n'ont pas le choix des moyens. Leur gouvernement doit une somme énorme au général Benaïad, il faut découvrir un procédé non moins énorme pour s'affranchir de cette dette; et après bien des recherches, bien des essais, bien des tâtonnements, on aboutit enfin à l'expédient Bahram.

Ce n'est point en effet du premier coup qu'on arrive à cette merveilleuse combinaison. La première pensée du gouvernement tunisien est tout simplement de ne pas payer, c'est-à-dire de nier sa dette. Il nie donc d'abord, et puis il cherche ses raisons. Il en trouve une première et ensuite une seconde. Il ne doit rien, écrit-il au consul général de France à Tunis, parce que les comptes du général Benaïad sont encombrés de doubles emplois. Il ne doit rien, dit-il encore, parce que s'il est vrai qu'il a acheté pour plusieurs millions de blé au général Benaïad, et s'il les a payés en papier, le général Benaïad ne les a pas versés. Malheureusement celui-ci se défend et confond facilement cette calomnie, et les pièces qu'il a entre les mains, imprimées dans ses notes à Son Excellence M. le ministre des affaires étrangères, renversent par ce côté toutes les espérances du gouvernement tunisien. On cherche cependant, et après deux mois d'élaboration on entrevoit, on invente l'affaire de Bahram.

Mais son succès n'est pas facile. Le général Benaïad, en effet, possède à la Rabta toutes les preuves qui démoliraient en un instant cette nouvelle fable. Ces preuves, ce sont ses livres et les livres de Bahram. Il faut savoir en effet que chaque fois que le Bey donne un successeur au directeur de la Rabta, ce successeur reçoit des mains du prince les registres sur lesquels sont consignés les comptes d'arriéré de son prédécesseur, tels qu'ils sont inscrits sur les registres du gouvernement, pour avoir à s'y conformer. La simple comparaison des livres de Bahram avec ceux du général Benaïad devait donc infailliblement démolir tout le système. Il fallait d'abord enlever ces armes des mains du général Benaïad.

Ce dernier semblait avoir prévu le coup. Il avait de Paris signifié à ses agents la défense la plus formelle de se démunir des livres de la Rabta, qui formaient en tout cas sa justification et sa sécurité. Il ne croyait pas, il l'avoue, qu'on allât jusqu'à la contrainte. Il fallait donc commencer par amener les agents du général Benaïad, sans trop exciter leur défiance, à rassembler tous ces livres en un lieu où ils pussent être enveloppés dans un seul coup de filet, et le kasnadar écrit, le 25 redjeb 1269, la lettre dont voici un extrait :

« Que Dieu protége l'illustre Hamida Benaïad (1).

» Par rapport aux arriérés qui sont portés sur les registres des dîmes, et dont la perception se fait » par votre entremise, *il est urgent de faire rentrer ces registres à la Rabta. Envoyez-les tous à cet* » *entrepôt sans exception.* Envoyez également pour opérer les perceptions votre représentant, votre » frère Sid Aly, ou tout autre qui ait votre confiance (2). »

Deux mois après, on démasquait la batterie. Cette sollicitude pour la perception des arriérés se changeait en un ordre absolu et formel de livrer aux mains du gouvernement tous les livres de la Rabta. Le kasnadar lança l'ordre qu'on va lire contre les représentants récalcitrants du général Benaïad :

« Illustre et honorable Sid-Hamida, que la paix et la miséricorde de Dieu soient avec vous.

» *Nous vous ordonnons* de livrer au général Farhat chargé de la Rabta toutes les pièces concernant » les redevances des dîmes de la Rabta, tant pour le principal que pour ce qui reste dû, *ainsi que* » *tous les registres* concernant ladite Rabta.

» 9 ramadan 1269. »

Ici les dates ont leur importance. Le premier éclat de la rupture du gouvernement tunisien avec le général Benaïad était des premiers jours de mai 1853. Cet ordre est de la fin de juin de la même année. La première lettre du général Benaïad à Son Excellence M. le ministre des affaires étrangères présentant déjà les premières explications, la justification de ces règlements de blé et un aperçu général de son compte, lettre transmise à Tunis et communiquée au gouvernement par les soins du consul général, est du 6 de ce même mois de juin.

Cependant, intimidé par le ton absolu de cet ordre, Hamida ne manqua pas d'y déférer. A Tunis, l'enjeu d'une opposition, c'est la tête de l'opposant.

Dès lors on possède à la fois les livres de Bahram et les livres de Benaïad relatifs à la Rabta. Les originaux des comptes détaillés consignés dans les registres du Bey sont sous la clef du gouvernement; donc on n'a plus rien à craindre. On peut arranger, présenter, altérer le compte de Bahram comme on voudra; plus de contrôle possible pour le général Benaïad; il est dépouillé de ses moyens de vérification et de contradiction; les teskerés et les comptes arrêtés qu'il a entre les mains n'indiquent que les balances et les résultats généraux; les livres seuls contiennent les détails. Maintenant on pourra bâtir sur Bahram telle prétention qu'on voudra; le général Benaïad pourra protester, argumenter, mais il ne pourra plus rien prouver.

On croit avoir désormais les chiffres à sa merci : on en dispose et on les dispose. On a un texte :

(1) Neveu du général Benaïad.
(2) Pièce justificative n° 9.

« Benaïad réglera comme Bahram, » voilà une base; il ne s'agit plus que d'affirmer que Benaïad n'a pas réglé comme Bahram. Le reste ne dépend plus que des chiffres à combiner. On les manipulera, on les coordonnera jusqu'aux besoins de la libération ingénieuse que l'on se propose d'atteindre. On dressera des comptes *ad hoc*. Pour Bahram, on dissimulera les recettes afin de grossir ainsi les *bonis* résultant des versements; pour Benaïad, on jettera la confusion entre les diverses parties de ses comptes; on affaiblira, on *falsifiera* la somme des bonis qu'il a réellement versés; on ménagera par ces procédés un contraste stupéfiant entre les rendements de Bahram et ceux de Benaïad; on réclamera les *bonis* dans toute leur exagération, sur tous les versements qui n'en doivent pas, qui n'en ont jamais dû aux termes des conventions; on proportionnera discrétionnairement les moyens à la fin, et on arrivera par cette voie tout unie à s'adjuger un article de crédit tout neuf aussi large, aussi étoffé, aussi libératoire qu'il le faudra; et comme le mal, c'est-à-dire le débit, est grand et qu'il y faut un grand remède, après quelques oscillations on arrête ce crédit improvisé à la somme modeste de 53 millions.

Le général Benaïad s'engage à donner la preuve de chacune des circonstances du récit qu'il vient de faire.

Ce plan dressé, on commence à se croire en mesure de se défendre devant une justice sérieuse. Des réclamations énergiques appuyées par le consulat forcent le gouvernement tunisien dans ses dernières temporisations. Ce gouvernement invoque l'auguste arbitrage de Sa Majesté l'Empereur des Français; le général Benaïad l'accepte avec bonheur; les défenseurs officiels de Tunis arrivent à Paris, produisent au ministère des affaires étrangères l'état de leurs revendications, le 16 mai 1854, et par la communication de cette pièce le général Benaïad apprend pour la première fois qu'il doit au gouvernement tunisien 177,891 caffis de blé et 134,069 caffis d'orge.

Toutefois le nom de Bahram n'est pas encore prononcé. Les agents de Tunis ne s'expliquent que vaguement (1). Aussi, dans sa réponse à cet État (2), le général Benaïad donnait-il tout à fait à côté de l'objection Bahram. Il fallait la voir clairement exprimée pour s'en douter et pour y croire.

La question Bahram ne se déploie enfin et ne s'avoue en entier que dans le second mémoire des agents de Tunis (*Note explicative*, etc.).

Voyons cependant comme elle se produit, se formule et se démontre.

Il s'agit de 53 millions; il s'agit de détruire dans des comptes officiels les effets des quittances et des sanctions souveraines; il s'agit d'annuler l'obligation de l'État, de biffer la signature du prince sur 27 millions de valeur négociées soit par son consentement, soit par son ordre; il s'agit de faire prononcer une semblable décision par les juges les plus exercés au maniement de la justice, à l'application des lois morales et sociales. Les agents tunisiens vont donc accumuler les preuves, multiplier les témoignages; ils vont prendre à tâche, à cœur, à honneur, dans une circonstance de cette délicatesse, de ne pas montrer la prétention d'être crus sur parole et de donner à leur imputation de concussion et de vol un caractère d'autorité plus grave que la simple affirmation d'un débiteur qui nie sa dette. Les agents tunisiens vont préciser les circonstances, entrer dans les détails, fournir les originaux, établir nettement année contre année, recette contre recette, versement contre versement, comment se constitue, comment se développe, comment se compose et se

(1) « Le gouvernement tunisien réclame à M. Benaïad les comptes de blé ci-haut et celui de l'orge ci-après, *d'après » les conditions qui existent entre eux, consignées dans l'ordonnance de Son Altesse, qui est au pouvoir de M. Benaïad, » et dans la déclaration de celui-ci,* qui est au pouvoir du gouvernement, et à laquelle il ne s'est pas conformé dans » les règlements de compte précédents. » (N° 1. État des réclamations tunisiennes.)

(2) Réponse du général Benaïad à la note tunisienne, etc., p. 48 et suivantes.

décompose cette immense et invraisemblable créance, surgissant tout à point à l'aide du procès. Non ; les agents tunisiens ont assez fait quand, dans un coin de leurs comptes frelatés, à la colonne de leurs observations, ils ont inséré une courte note en quelques lignes, accompagnée d'un chiffre sommaire, sans preuves, sans discussion, sans justification ; après quoi ils procèdent à l'inventaire et à l'enlèvement des dépouilles qu'ils se sont ainsi faites sur le général Benaïad, — 53 millions !

Citons cependant cette note :

« Le compte de blé ci-contre est basé sur les conditions dans lesquelles M. Benaïad a pris le » bail, comme on le verra par *l'extrait* de l'ordonnance ci-après :

« Nous avons affermé à M. Benaïad la Rabta, l'Alfa et la Koucha pour trois années consécu- » tives, moyennant une redevance annuelle de 100,000 piastres. M. Benaïad s'est obligé toutefois » de se conformer dans ses rendements de comptes, pour les trois branches susdites, aux comptes » de Bahram pour la Rabta, à ceux de Ben Abbas pour l'Alfa, et aux comptes de Bahrini pour » la Koucha.

» Donnée le 22 (1) chaoual 1262. »

Cet *extrait* n'est pas complet. L'original arabe de l'amra termine par un autre membre de phrase que les agents tunisiens ont pris grand soin de supprimer, et ce membre de phrase, il était en une ligne l'anéantissement de toute leur assertion. Rétablissons dans son intégrité le texte intentionnellement mutilé.

Après les derniers mots qu'on vient de lire, la phrase citée, mais tronquée, continue ainsi :

« ET *nous avons déjà réglé avec lui* (Benaïad) lesdits affermages pour les trois années ci-haut » mentionnées, CONFORMÉMENT A CE QUI VIENT D'ÊTRE DIT ET ÉCRIT (2). »

Ici le général Benaïad s'adresse aux agents tunisiens et invoque la conscience de la Commission. Que l'on scindât l'amra de chaoual 1262, qu'en ne mentionnant pas qu'il était un acte de concession embrassant plusieurs fermages dont ceux de la Rabta, de l'Alfa et de la Koucha faisaient seulement partie, on lui enlevât son caractère nécessaire de publicité et de généralité à l'effet de donner quelque apparence à cette assertion que ces trois fermages avaient été l'objet d'une convention secrète, c'était déjà une fâcheuse infidélité. Mais après avoir extrait en l'isolant le passage relatif aux fermages de la Rabta, de l'Alfa et de la Koucha avec les conditions qui les régissent, suspendre la traduction et la phrase, supprimer son complément naturel et décisif, qui achevait et déterminait la portée de la déclaration ; après avoir mentionné la condition que ces comptes devaient être réglés comme ceux de Bahram, etc., supprimer la constatation qu'ils ont été réglés effectivement comme ceux de Bahram, c'est sans doute tendre à la religion et à la justice de la Commission un piége après lequel la moralité des moyens employés contre le général Benaïad reste définitivement jugée.

Et combien d'actes analogues ou semblables le général Benaïad n'a-t-il pas eu déjà à redresser ! Toutefois, avouons-le, cette altération, cette mutilation du texte était obligée, ou la mon-

(1) L'amra n'est pas du 22, il est du 28.

(2) Pour que la commission fût certaine de la fidélité de cette traduction, le général Benaïad l'a soumise et fait certifier par M. Desgranges, premier secrétaire interprète de l'Empereur pour les langues orientales. Cette pièce forme le n° 10 des Pièces justificatives annexées à cet écrit

strueuse réclamation des agents tunisiens se trouvait réfutée au même moment qu'elle était exprimée.

Les agents tunisiens n'ont pas cru devoir respecter jusque-là le caractère, le temps et le travail de la Commission.

Reprenons cependant notre citation, interrompue par ces observations préalables et indispensables. La *note explicative*, toujours dans sa colonne d'observations, continue en ces termes :

« N. B. Successivement la redevance annuelle citée plus haut, d'après un mutuel accord, fut » portée à 280,000 piastres tunisiennes (1). »

« Vient ci-après *le résumé des comptes* de Bahram que M. Benaïad est tenu de suivre dans ses » comptes de blé, en conformité de l'ordonnance rapportée ci-devant.

» Recettes de Bahram *pendant neuf années*, de 1246 à 1255 . . . . Caf.	24,765	14	10	
» Ses versements *pendant les susdites années*.	41,896	13	3	3/4
» Caffis.	17,130	14	5	3/4
» *Solde dû par les agriculteurs*.	1,119	10	2	
» Bonification de caffis.	18,250	8	7	3/4

» Mesure qui, sur le capital de caffis 24,765 14 10, revient à un bénéfice de caffis 7 11 5 8/10 » sur chaque dizaine de caffis du capital, *bénéfice qui devait être la base* des comptes de M. Benaïad, » et *qui est celle des comptes que l'on vient de dresser ci-contre*. »

Voilà sur quelle unique base on retranche des comptes du général Benaïad 53 millions; un prétendu résumé de comptes inconnus et qu'on croit invérifiables; des chiffres recueillis selon la discrétion du chiffreur, et une règle de proportion établie par la seule autorité de ces chiffres arbitraires, proportion qui va jusqu'à doubler le rendement de l'assiette légale de l'impôt.

Il fallait tout autre chose pour donner seulement devant un tribunal une forme consistante à une si étrange improvisation.

Il fallait d'abord ne pas s'envelopper dans les nuages des généralités, et entrer dans les détails que le général Benaïad va dévoiler.

La gestion de Bahram n'a pas commencé sous Ahmet Bey. Elle a embrassé l'administration de trois Beys successifs.

Il est de fondation et d'usage rigoureux qu'à chaque changement de règne tous les hauts comptables rendent et règlent leurs comptes avec le Bey nouveau.

Bahram dans sa gestion a donc eu au moins trois comptes obligatoires à rendre; le premier, à la mort de Hussein Bey; le second, à la mort de Mustapha Bey; le troisième, en 1256, lors de son

(1) Il y a encore dans cette assertion d'abord une obscurité, ensuite une inexactitude : une obscurité, en ce sens que les agents tunisiens semblent dire que les trois fermages avaient été portés à 280,000 piastres, tandis que leur prétention est en réalité d'ajouter ces 280,000 piastres aux 300,000 déjà stipulées (voir *Note explicative*, compte de numéraire, p. 28); une inexactitude, car cette prétention a été détruite par le général Benaïad dans son Mémoire n° 4, *État des questions*, page 36.

remplacement sous Ahmet Bey, par Mohammed Benaïad. Benaïad père et fils ont eu en onze ans cinq règlements de comptes sous un même Bey.

Ces comptes ont été consignés en original sur les registres des trois Beys ci-dessus, et en copie dans les livres mêmes de Bahram déposés à la Rabta.

La première justification des agents tunisiens devait être de produire l'original des amras de concession des trois Beys en faveur de Bahram. C'eût été un premier moyen de connaître exactement les conditions conclues avec ce dernier.

Un second moyen, et un moyen encore meilleur, c'eût été la production des comptes détaillés de Bahram tels qu'ils sont établis sur les registres, et par conséquent la production des registres eux-mêmes, car le général Benaïad ne peut avoir aucune confiance dans les extraits qu'offriraient sous leur propre garantie les agents tunisiens eux-mêmes. Là on serait assuré de voir, autrement que par des approximations, des calculs plus ou moins problématiques et des hypothèses de proportions, les bonis réels, les bonis constatés et certains que Bahram a versés soit dans les diverses périodes, soit pendant toute la durée de son contrat.

En même temps ces comptes par leurs détails eussent mis la commission à même de connaître les perceptions de Bahram année par année, province par province, ainsi que l'importance de ses versements.

Puis les agents tunisiens se rappelant que Benaïad a été dépouillé de la possession de ses comptes pour la Rabta, puisqu'on s'est emparé de ceux de ses livres qui sont la copie des registres du Bey, ils auraient dû produire à la commission les originaux des comptes du général Benaïad de façon qu'elle pût décider le débat d'un coup d'œil, par la simple comparaison, par le facile rapprochement des comptes respectifs, opération qui eût constaté soit la différence, soit la ressemblance des bonifications allouées d'un côté par Bahram, et de l'autre par Benaïad.

Pourquoi les agents tunisiens n'ont-ils pas adopté ce mode de procéder si logique, si puissant, qui tout à la fois mettait leur principe, s'il était vrai, hors de contestation et leur loyauté à l'abri de tout soupçon? Le général Benaïad n'hésite pas à déclarer qu'ils ne l'ont pas fait, parce que le témoignage de ces pièces eût été leur propre confusion.

Désarmé de ses livres, mais certain des résultats consignés dans ses teskerés de règlement, le général Benaïad ne put d'abord qu'opposer la souveraineté de ses quittances à ses adversaires, démontrer l'inopportunité, l'invraisemblance saisissante, l'absurdité logique de cette réclamation rétrospective. Il protesta, au nom des actes officiels entre ses mains, que ses comptes avaient été réglés comme ceux de Bahram. Il avait les reconnaissances définitives du Bey. Il ne lui en fallait pas davantage. A ses contradicteurs de faire contre ces actes authentiques une preuve qu'il ne craignait pas.

Cependant une circonstance providentielle met le général Benaïad en mesure d'aller plus loin. Cette preuve que les agents tunisiens ne font pas contre lui et à laquelle ils sont tenus, il va la faire contre eux sans y être tenu.

Hélas! c'est à peu près toujours ainsi qu'il a été procédé dans ces incroyables débats!

Conformément aux ordres du kasnadar et aux avis de ses propres agents, le général Benaïad croyait tous les livres de la Rabta entre les mains du gouvernement tunisien. Cependant, grâce à la protection française, la famille du général avait échappé à l'espèce de séquestre qui aussi pesait sur elle, et l'avait rejoint à Paris. Dans ses préoccupations, cherchant au fond de ses souvenirs en juin dernier, il demanda à sa femme, dont la fermeté et la présence d'esprit avaient sauvé les plus importants de ses papiers, si parmi eux elle n'aurait pas aperçu quelques livres qu'il lui décrivit de son mieux; elle répondit affirmativement, assurant qu'ils devaient se trouver entre les mains de l'ami fidèle auquel ce dépôt avait été confié. Le général Benaïad écrivit immédiatement à Tunis; les livres signalés lui furent expédiés courrier par courrier; ils lui parvinrent dans le mois de juillet dernier. Il lui est facile de prouver chacun de ces faits.

Ces livres se trouvent être justement, et par un bonheur admirable, des registres de la Rabta restés dans l'habitation personnelle et dans le harem du général Benaïad.

Ces livres, ils sont ces copies des comptes inscrits sur les registres du Bey, dont le général Benaïad a si souvent parlé et qui sont données pour leur garantie aux directeurs de la Rabta.

Les agents tunisiens eux-mêmes n'en contesteront pas l'authenticité. Le général Benaïad les dépose d'ailleurs entre les mains de la commission. Ils portent en eux leur caractère.

Ces livres, par une nouvelle fortune, sur les cinq règlements de compte arrêtés entre le Bey et les deux Benaïad, contiennent la copie de trois de ces comptes, et les plus importants; celui de 1256 à 1259; celui de 1260 et 61, celui de 1264 à 1266. Sur les onze années de cette exploitation, il ne manque donc plus que les comptes de deux années, celui de 1262 et celui de 1263.

Répétons-le, ces livres ont été dressés sur les écritures fournies par le Bach-cateb; ils en sont l'identité rigoureuse et absolue.

Ces livres vont couvrir les agents tunisiens d'une confusion à laquelle on s'étonnera qu'ils aient pu s'exposer.

Les agents tunisiens prétendent que la gestion totale de Bahram a duré *neuf ans;* c'est faux. Elle a duré *onze ans*.

Les registres du Bey et par conséquent leur copie aux mains du général Benaïad portent en effet cette mention, art. 36 du compte établi entre Mohammed Benaïad et le Bey sous la date de moharem 1260.

« Arriéré sur les fermages des terres par Bahram, *commençant à l'été de* 1245 *et finissant à l'été* » *de* 1255 *inclusivement:* caffis 1119 10 2 (1). »

Cet article est incontestablement celui qui figure dans le calcul proportionnel des agents tunisiens. Or, de 1245 à 1255 inclusivement, il y a *onze* ans et non *neuf* ans; et lorsque les agents tunisiens se trompaient ainsi de deux ans, ils se trompaient à bon escient et la vérité sous les yeux.

Pour se tromper et présenter la gestion de Bahram comme ayant duré neuf ans au lieu de onze ans, ils ont même été forcés d'altérer les textes et de fausser les chiffres.

La version des agents tunisiens, en effet, porte ces mots :

« Recettes de Bahram de 1246 à 1255. »

Les registres du Bey portent :

« Arriéré des fermages, etc., commençant à l'été de 1245 et finissant à l'été de 1255 inclusivement. »

Les agents tunisiens ont donc fait deux modifications à ces paroles pour arriver à leur période de neuf années. Où les registres du Bey avaient inscrit la date de 1245, ils ont écrit la date de 1246, et où les registres du Bey exprimaient que la durée de cette gestion contenait l'année 1255, ils ont supprimé le mot *inclusivement*, suppression qui leur donnait la possibilité d'interpréter que l'année 1255 n'était pas comprise dans cette gestion.

(1) Pièce justificative n° 11.

Ainsi ils arrangeaient leurs textes de façon à le faire cadrer avec cette durée de neuf ans attribuée à la gestion de Bahram. Ils gagnaient la première et la dernière année; la première en faisant dater la concession de 1246 au lieu de 1245, et la seconde en retranchant le mot qui impliquait nécessairement l'année 1255 dans la durée du bail.

Tout cela pouvait se faire avec sécurité, puisque, par la confiscation des livres de Benaïad et de Bahram, on mettait le général dans l'impossibilité de vérifier, et il faut la circonstance providentielle que nous avons rapportée pour qu'actuellement ces manœuvres puissent être mises au jour.

Mais cette première infidélité n'était qu'une introduction à plusieurs autres.

Il fallait arriver à former ce chiffre proportionnel de 76,87 pour 100 que Bahram aurait alloué pour bonifications au gouvernement tunisien, et que Benaïad, en violation de ses engagements, aurait remplacé par une allocation dérisoire.

Pour atteindre ce résultat qui était l'essence et le but de toute l'opération, on a supprimé, toujours confiant dans l'enlèvement des livres, une partie des recettes de Bahram, de façon à composer l'énorme différence mentionnée entre ses perceptions et ses versements.

La preuve s'en trouve éclatante dans le livre qui a rendu au général Benaïad la copie des comptes de son père Mohammed Benaïad.

En effet, les agents tunisiens portent les recettes de Bahram pour toute sa gestion à 24,765 caffis, en vertu d'un compte réglé et soldé par un reste de caffis 1,119, 10, 2, qui sont reportés au chiffre des bonifications, et qui forment l'arriéré dû par les agriculteurs.

Or ce compte balancé par ce solde de 1,119, 10, 2, est celui que mentionnent les comptes de 1256 à 1259 comme regardant le fermage de Bahram non pour la totalité de ses perceptions, mais pour une partie seulement de ces perceptions, c'est-à-dire pour le fermage des terres du gouvernement ou fermage de l'Hannacher.

Mais ce reste de 1,119, 10, 2 n'était pas le seul que dût Bahram comme arriéré, et qui d'après le mode de calcul de la *Note explicative*, aurait dû venir grossir le chiffre proportionnel des bonifications; elle n'avait qu'à descendre dans la même page, à quatre lignes plus bas, 40e article, pour y trouver cette seconde mention :

« Le reste d'Ismaïl et Bahram (1), directeurs des dîmes dites de Dzemma, années 1246 jusqu'à » 1255, caffis 1,955, 7, 10 1/4. »

La dîme de Dzemma faisait partie, comme on le voit, des perceptions attribuées à Bahram et des recettes de la Rabta. Si le reste des comptes pour les terres du gouvernement devait entrer dans le chiffre de l'évaluation proportionnelle des bonis, le reste ou l'arriéré des dîmes de Dzemma devait y entrer aussi au même titre et par la même raison. Conséquemment il faut porter la bonification due sur la somme des versements non à 18,250, mais à 20,206, pour les 41,896 caffis 13, 3 3/4 prétendus versés par Bahram, ce qui porte le chiffre de la proportion due par le général Benaïad à 82 pour 100 au lieu de 76,87 pour 100. Voilà une erreur, voilà un nouveau supplément de crédit que le général Benaïad s'empresse de mettre à la connaissance des agents tunisiens.

Pourquoi donc l'ont-ils oublié ?

Parce qu'en portant le solde du compte des dîmes de Dzemma, il fallait porter aussi au capital des recettes de Bahram les perceptions de ces dîmes, et que dès lors tout le système de la revendication se trouvait bouleversé et ruiné.

(1) Ismaïl et Bahram étaient associés dans l'exploitation de la Rabta.

Prouvons d'abord que les perceptions résultant des dîmes de Dzemma ne peuvent pas figurer dans la somme de caffis 24,765-14-10, total des recettes de Bahram, au dire des agents tunisiens.

Les terres du gouvernement sous Bahram donnaient lieu à une redevance fixe. La culture en était affermée aux enchères publiques aux cultivateurs et particuliers du pays, et le directeur de la Rabta n'avait pas d'autre mission que d'aller recueillir pour le compte du Bey les produits de cette redevance fixe et payée en nature.

A la fin de 1255, lorsque Benaïad succéda à Bahram, le même régime continua pour ces terres pendant deux années encore, et leur revenu en 1256 et 1257 en est porté sur les registres du Bey au compte de Mohammed Benaïad, articles 31 et 32, uniformément pour 1,700 caffis. Ce chiffre est donc également celui de la perception annuelle de Bahram.

Or cette perception annuelle accumulée pendant onze années forme déjà 18,755 caffis.

Comment se décomposent et de quels éléments sont formés les 6,010 caffis qui sont la différence entre la perception portée à 24,765 caffis et le total 18,755 caffis que nous trouvons comme recette et produit du fermage de l'Hannacher?

Le directeur de la Rabta ne percevait pas seulement ce fermage, il devait recevoir aussi d'autres revenus ou dîmes de la même espèce. Ces 6,010 caffis proviennent-ils d'un pareil supplément de recettes? C'est possible.

Que si on veut rejeter cette hypothèse, nous dirons encore que la redevance des adjudicataires des terres du gouvernement se payait partie en blé et partie en orge, et qu'il est très-possible que ce chiffre de 24,765 caffis comprenne à la fois l'orge et le blé, que Bahram recevait ici l'un et l'autre.

Mais nous allons démontrer qu'il est impossible que dans cette recette de 24,765 caffis figurent à la fois les perceptions des fermages de l'Hannacher et des dîmes de Dzemma.

Ici notre démonstration va s'appuyer encore sur les registres du Bey, copiés dans le livre de Mohammed Benaïad.

Ce dernier, en prenant la Rabta, prenait à la fois par conséquent les perceptions de l'Hannacher et les perceptions de Dzemma. Dans la première année de sa gestion, cette dîme est portée pour 1,729 cafis par an; mais depuis, sous les deux Benaïad, elle augmente dans des proportions considérables. De 1257 à 1266, les comptes constatent qu'elle a donné au gouvernement tunisien 4,000 caffis par an; et en présence de ces résultats, c'est Bahram qui est le comptable fidèle, et le général Benaïad qu'on accuse de fraude et de vol.

Prenons donc pour la perception moyenne et régulière de la dîme de Dzemma le chiffre le plus bas qu'elle ait atteint sous Benaïad, et sur ces bases faisons le compte de ce qu'elle a produit.

Bahram, d'après les registres officiels, a perçu cette dîme de 1246 à 1255, c'est-à-dire pendant dix ans; à 1,729 cafis par an, ces dix années donnent une recette de. . . . . . 17,290 caffis

La perception des dîmes ou fermage de l'Hannacher nous a donné. 18,755

Total des recettes de Bahram *au minimum* pendant sa gestion, uniquement pour l'Hannacher et Dzemma. 36,045

Qu'on le remarque bien, c'est là la recette des deux dîmes de l'Hannacher et de la Dzemma, indépendamment du boni réclamé par les agents tunisiens. Ce boni à leur compte se monte à caffis 7,11,5 8/10 par 10 caffis de capital ou 76,87 pour cent. A cette recette de 36,045 caffis pour les deux dîmes, recette incontestable, et, nous le répétons, portée au minimum, il faut donc ajouter une bonification de

A reporter. 36,045

Report. 36,045

76,87 pour cent, et dès lors cette bonification doit grossir le débit des recettes que Bahram doit au Bey de. 27,707

formant pour les deux dîmes le débit total de. 63,752

Or, comme d'après les agents de Tunis Bahram n'a versé que 41,765

il est resté débiteur de 21,987

dont il aurait frustré le gouvernement du Bey; et cependant les agents de Tunis sont en admiration devant la pureté de la gestion de Bahram, et cependant ils disent qu'il est quitte envers son gouvernement. Comment concilier les assertions et les chiffres? La mauvaise foi finit toujours par se prendre dans son propre piége (1).

Certes, cette discussion est invincible, s'il est vrai que les recettes de Bahram se composent à la fois des dîmes de l'Hannacher et de Dzemma; s'il est vrai que ces deux recettes sont entrées dans la Rabta et dans le compte de la Rabta; s'il est vrai que Bahram allouait 76,87 pour 100 de boni sur ses perceptions au gouvernement. Sur les deux premières assertions, nous avons le témoignage des registres du Bey. Bahram recevait à la fois pour Dzemma et pour l'Hannacher, et en conséquence, en recevant sa succession, Mohammed Benaïad était débité d'un arriéré de 1119 caffis 10,2, pour l'arriéré à recevoir par lui de la gestion de Bahram sur l'Hannacher, et de 1,955 caffis 7,10 1/4 pour l'arriéré de la gestion dudit Bahram sur les dîmes de Dzemma.

Quant à l'allocation des 76,87 pour 100, elle n'est plus soutenable. Elle tombe par la seule force de son impossibilité mise en présence des chiffres officiels.

(1) Note supplémentaire. Tout ce calcul était déjà écrit et livré à l'impression lorsque le général Benaïad a découvert la preuve que les recettes de Bahram pour les dîmes de Dzemma étaient encore plus considérables.

Le général a trouvé un registre revêtu de la signature et du sceau du Bey, et qu'il joint aux pièces, constatant que Bahram a également opéré cette recette pour 1245, ce qui complète les onze années pour cette dîme comme pour le fermage de l'Hannacher.

Il faut donc ajouter cette onzième année pour les dîmes de Dzemmat, ou. . . . . . Caffis. 1,729

Un autre registre, également scellé et signé par le Bey et joint aussi aux pièces, constate que Bahram a reçu une portion de cette même dîme pour 1256 montant à 203 2 3 1/4

Caffis. 1,932 2 3 1/4

En outre, les mêmes registres constatent qu'il a perçu sur les dîmes de Dzemmat :

En orge, pour 1256. . . . . Caffis. 408 9 1 1/2

Plus par an 2,338 caffis d'orge d'après le rendement de l'année 1255, ou pour les onze années évaluées au même taux. . . . . Caffis. 25,718 — 26,126 9 1 1/2

Or il est essentiel de faire connaître que la boulangerie de la Dabdaba faisant le pain pour les soldats turcs, en combinant un tiers d'orge à deux tiers de blé, et les zouaves recevant leur ration sur le même pied, cet orge était compté dans les règlements de Bahram comme recettes en blé. Il faut donc porter la quantité ci-dessus au total de la perception de Bahram, qui forme dès lors un nouveau chiffre de. 27,058 11 1 1/2

Lesquels ajoutés à la recette déjà mentionnée, caffis. 36,045

forment un total de 63,103 11 1 1/2

Le *boni* des 36,045 caffis au chiffre des agents tunisiens 76-87 pour cent s'élève à. 27,707

Le boni de l'autre recette, 27,058 caffis, s'élève à . . . . 20,819 — 48,526

Ce qui élèverait le total des recettes de Bahram, y compris le boni au taux où le portent les agents tunisiens, à. 111,629 11 1 1/2

Prenons maintenant un autre critérium. Tenons pour vraie la recette de Bahram à 24,765 caffis en constatant toujours que sur cette somme ne figurent pas et ne peuvent pas figurer les recettes de Dzemma. Ces recettes, comme nous l'avons dit, s'élèvent pour les dix années au moins à 17,290

qui, ajoutés aux recettes ci-dessus, forment un total de. 42,055

C'est encore un excédant constitué sur les versements de Bahram.

Les chiffres des agents tunisiens ne supportent donc pas l'examen. Ils pouvaient braver le contrôle des actes, quand les actes, c'est-à-dire le détail des comptes, n'étaient pas dans la possession du général Benaïad. Maintenant il faut qu'ils disparaissent, et il n'en reste que l'émotion que de semblables pratiques doivent laisser dans la probité et la droiture de cœur de la Commission.

Après avoir vu comment les agents tunisiens ont procédé pour grossir sans mesure les bonifications données par Bahram, voyons comment ils s'y sont pris pour réduire dans la proportion inverse les bonifications versées par le général Benaïad.

Ce bénéfice, les deux parties sont d'accord sur ce point, provenait et devait provenir de deux sources différentes.

L'usage pour le prélèvement de la dîme, comme l'ont dit les agents tunisiens, est de recevoir du contribuable la mesure non-seulement comble, mais encore débordant en dehors du récipient.

Cette recette est ensuite versée par le percepteur, quel qu'il soit, en mesures combles dites aussi marchandes, c'est-à-dire formant dôme au-dessus du récipient, mais ne déversant point au dehors. Par conséquent, le percepteur doit au gouvernement la différence entre la mesure comble ou marchande et la mesure débordante. Voilà le premier *boni*.

Le Bey, de son côté, a des rations ou distributions journalières de blé à faire à ses ministres et à plusieurs hauts fonctionnaires, soit pour leurs besoins ou ceux de leurs gens, aux personnes de sa maison ou de sa cour, aux zouaves, etc. Pour cela il donne aux parties prenantes des mandats signés de lui seul sur le directeur de la Rabta. Ces livraisons doivent être faites à mesure rase, c'est-à-dire ne dépassant pas sur sa surface horizontale les bords du récipient ; et comme les versements ont été faits à la Rabta en mesure comble ou marchande, le directeur de cet entrepôt doit compte au gouvernement de la différence entre la mesure rase et la mesure marchande ou comble. Voilà le second *boni*.

Le premier *boni* se règle dans les recettes ou perceptions. Le second se règle avec et selon les versements.

Mais les deux constituent, sans contestation possible, la somme totale du bénéfice perçu par le fisc, et que, par les moyens que nous avons décrits, les agents tunisiens font monter à 76,87 pour 100.

Le moment n'est pas encore venu de réduire ce bénéfice à sa valeur véritable et constatée.

Cependant, après avoir relevé les comptes du général Benaïad et les avoir comparés à leurs prétendus comptes de Bahram, les agents tunisiens aboutissent à cette conclusion :

« Bénéfice produit par Bahram, 76,87. Bénéfice produit par Benaïad, 7,76 pour 100, ou dix fois moins (1). »

Ce résultat encore, ils ne l'ont obtenu que par la dissimulation et la falsification des comptes du général Benaïad.

(1) *Note explicative*, etc., page 7.

Nous allons immédiatement le prouver par la production des trois comptes contenus dans les livres rentrés dans les mains du général, et fidèles copies des registres du gouvernement.

Ces comptes sont ceux de 1256-57-58-59; ceux de 1260-61; ceux de 1264-65-66. Total, neuf ans.

Sur leur tableau relatif à la Rabta (1), les agents tunisiens portent :

La totalité des bénéfices alloués par Mohammed Benaïad pour les quatre années objet du premier compte, à.	Caf.	1,738
La totalité du bénéfice pour les deux années objet du deuxième compte, à. . . .		1,699 9 2
La totalité du bénéfice alloué par le général Benaïad pour les trois années objet du dernier compte, à.		1,984 8 »
Total des bénéfices alloués dans les neuf années, selon les agents tunisiens. . . .		5,422 1 2

Et pour donner plus d'autorité à ce chiffre, les agents tunisiens ajoutent que c'est là le bénéfice que le général Benaïad aurait accordé, SELON LUI.

L'allégation et le chiffre sont deux mensonges à la fois; l'expression peut être sévère, mais il n'y en a pas d'autres pour les qualifier.

Jamais le général Benaïad n'a dit ni pu dire que la somme ci-dessus mentionnée fût la quantité de bénéfice résultant de ces trois comptes pour le gouvernement tunisien.

Cette somme de blé n'est qu'une partie du bénéfice inscrit et constaté dans ces trois comptes.

Ces trois quantités de 1,738, 1,699 92, 1,984 8 caffis, sont dans les trois comptes *uniquement* la bonification faite sur les *versements*, c'est-à-dire pour la différence à la sortie de la Rabta de la mesure marchande à la mesure rase. Ces trois sommes figurent au débit de Benaïad, compte A, art. 48; compte B, art. 24; compte C, art. 40.

Mais il y a une autre partie du bénéfice, l'autre boni, la différence de la mesure marchande à la mesure débordante mentionnée avec la perception ou l'entrée, qui figure aussi dans les détails des trois comptes ci-dessus. Cette part, la plus importante du bénéfice perçu, les agents tunisiens l'ont tue, l'ont supprimée. Quelle est-elle cependant?

Compte A. 1256 à 1259 (2).

Le compte A, article 30, porte pour boni perçu sur les dîmes qu'il vient de détailler. . . . . Caf.	2,666	1	9
Le même compte et le même article déclarent que ce prélèvement n'est pas opéré sur les dîmes de la province de Mater sous les n°s 1, 2, 3 et 4, « *ceux qui ont mesuré ayant tenu compte du quart en le notant dans le livre.* » C'est donc par ce fait un boni du quart également perçu sur les dîmes de Mater s'élevant pour les quatre ans à caffis 4,107 2 9, ou.	1,026	12	8
A reporter.	3,692	14	5

(1) *Note explicative*, page 12.

(2) Pièce justificative n° 11.

Report. 3,692 14 5

Arriéré de la dîme de Mater par Bahrini portée pour caffis 162 13 au débit de Benaïad avec prélèvement d'avance d'un quart de boni, compte A, article 37. . . . . 40 11 3

Idem. Pour la grande Province, sur caf. 117 6, article 38 . . 29 5 6 — 70 » 9

Total du boni alloué par Benaïad à l'entrée ou perception. 3,762 10 4

Boni ci-dessus pour la sortie ou les versements. . . . . 1,738 » »

Total de la bonification accordée de 1256 à 59, tant à l'entrée qu'à la sortie. 5,500 15 2

Au lieu de CAFFIS 1,738.

Compte B. 1261 et 1262 (1).

Boni à la perception ou l'entrée, art. 23. . . . Caf. 1,807 12 7 1/4

Boni déjà prélevé sur Mater suivant déclaration en l'art. 1 et l'art. 23, le quart sur caffis 3,175 13 11. . . . 794 » »

Boni également prélevé sur les dîmes de Sous, Monastir, etc., art. 28. . . . . 41 7 7

Total du boni à l'entrée ou perception, compte B. . . 2,643 4 2 1/4

Boni porté aux versements, art. 24. . . . . 1,697 2 6

Total de la bonification Benaïad, de 1261-62, compte B. 4,340 6 8 1/4

Au lieu de caffis 1,699 9 2.

Compte C. 1264-65-66 (2).

Boni à l'entrée mentionné en l'article 11. . . . . . . 533 9 6

— — 19. . . . . . . 715 » 2 1/2

— — 28. . . . . . . 727 8 11 1/4

Dîmes des terres d'Etkias, etc., quart compris, sur 702 8 7, art. 12, ce quart à compter.	175 10 »	793 11
Dîmes Dzemma, province Mater, le quart de 241 9, art. 13, *idem*.	60 6 3	
Dîmes de l'Hannacher-Etkias, sur 818 11 7, art. 21.	204 10 3 1/2	
Art. 22, sur 271 14	67 15 2 1/2	
— 29, sur 850 12 3	212 11 »	
— 30, sur 289 11	72 6 3	

A reporter. . . . . 2,769 13 2 1/4 — 9,841 5 10 1/4

(1) Pièce justificative n° 12.
(2) Pièce justificative n° 13.

	Report.	9,841 5 10 1/4
Report du total ci-contre du bénéfice à l'entrée ou perception, compte C.	2,769 13 2 1/4	
Bénéfice à la sortie, compte C, art. 40.	1,925 8 »	
Total de la bonification, entrée et sortie, compte C.		4,695 5 2 1/4
TOTAL de la bonification des trois comptes et des neuf années par le général Benaïad.	Caf.	14,536 11 » 1/2

Au lieu de caffis 5,421 10 6, portés par les agents tunisiens.

Les agents tunisiens ont donc diminué les bonifications ou bénéfices rendus par le général Benaïad d'environ deux tiers.

Ils ont opéré cette altération frauduleuse avec les comptes et les chiffres sous les yeux. Mais ces comptes et ces chiffres, ils croyaient les posséder seuls. Ils croyaient impossible la vérification de tant d'impostures. Ils n'avaient pas compté avec le hasard, qui a rendu au général Benaïad la disposition des deux livres qu'ils supposaient compris dans le séquestre de ramadan 1269.

Ainsi dans cette période de neuf ans, le général Benaïad a donné au gouvernement du Bey un bénéfice de 14,536 caffis, réduit par les agents tunisiens, pour l'immoral besoin de leur cause, à 5,421 caffis.

Nous voici donc dès à présent en face de deux comptes matériellement faux : le compte de Bahram, par lequel les agents tunisiens prétendent porter à 76 87 pour 100 les bonifications dues par le général Benaïad; le compte par lequel ils réduisent les bonifications du général Benaïad à la proportion moyenne de 7 76 pour 100.

Mais ces deux falsifications n'étaient que les préliminaires et en quelque sorte les cheminements ménagés vers le but qu'on se proposait. Ce but, nous l'avons dit, c'était de fabriquer le montant d'une réclamation assez considérable pour servir de compensation aux sommes dues au général par le gouvernement de Tunis.

Pour cela, il ne suffisait pas de pousser les bonifications de Bahram à 76 87 pour 100, il fallait encore porter les quantités auxquelles on devait appliquer ce chiffre proportionnel à des sommes capables de faire aboutir la combinaison au résultat recherché.

C'est ce qu'on a exécuté par une troisième altération des comptes officiels en ce qui touche les recettes et les versements du général Benaïad, passibles des bonifications.

Les agents tunisiens disent eux-mêmes que les opérations du général Benaïad avec leur gouvernement se composaient de plusieurs natures de contrats, et entre autres des affermages à prix déterminé et des perceptions de dîmes où un prix de ferme se combinait avec la perception dans les conditions de Bahram.

En effet, le compte des grains du général Benaïad embrasse plusieurs natures de conventions et de recettes. Il a affermé à forfait et à prix d'argent certaines dîmes du gouvernement, par exemple Djerby, l'Ouatan, les Métallit, comme le prouvent les comptes et amras de chaoual 1262 et de sfar 1267. Il a affermé également à forfait et à prix d'argent par contrat secret du 2 keda 1261, renouvelé en 1268 la dîme des grains des terres de Dosamya, de Bizerte, de Gar-Elmeleh, de Ras-Elgebel, de Toubourba. Il a affermé moyennant une redevance fixe en grains les dîmes et revenus de l'Hannacher, ou terres appartenant au domaine du gouvernement. Ces fermages, concédés à des prix fixes et déterminés restant à la fois dans leur rendement à la charge ou au bénéfice du général Benaïad moyennant son prix, ne peuvent être incontestablement l'objet d'aucune bonification ni d'aucun avantage nouveau. Cependant comme en fait ces perceptions sont entrées dans la Rabta, où le général Benaïad les emmagasinait en raison des besoins du gouvernement et sauf compte à faire, non-seulement les agents tunisiens les portent au crédit du gouvernement, mais encore ils réclament sur elles leur boni de 76 87 pour 100, et cela fait, ils ne se contentent ni de l'usurpation du capital ni de l'usurpation du boni, ils portent encore au compte du numéraire et au débit du général Benaïad la valeur en argent de ces fermages; de manière qu'ils figurent trois fois, soit dans le compte en matières, soit dans le compte en argent, 1° pour le capital augmenté du boni déjà alloué, 2° pour un deuxième boni, 3° pour la valeur du fermage en numéraire.

Les comptes du général Benaïad contiennent encore une autre nature de recettes. Il n'était pas le seul fermier du gouvernement pour ses dîmes de grains. Plusieurs kaïds, plusieurs entrepreneurs avaient des contrats de cette espèce. Pour ce qui les concernait, ils avaient leur compte particulier, et opéraient le règlement de ces comptes directement avec le Bey. Plusieurs d'entre eux cependant versaient leurs grains à la Rabta. Mais ici le directeur de cet entrepôt n'avait pas d'autre rôle que celui de dépositaire de quantités qu'il recevait et livrait dans les mêmes conditions. Or, ces recettes figurant au débit du général Benaïad, les agents tunisiens les portent également comme susceptibles des bonifications réclamées.

Pour les versements, toutes les livraisons du général Benaïad ne s'effectuaient pas à la mesure rase; la mesure rase s'appliquait au contraire à la moindre partie de ces livraisons. La plus grande partie des versements s'effectuait en mesure marchande, excluant dès lors le *boni* de la mesure marchande à la mesure rase. Les agents tunisiens dans leur façon de compter appliquent les deux bénéfices de la sortie et de l'entrée, montant, selon eux, à 76 87 pour 100, à toutes les recettes, sans distinction et sans exception, qui ont été opérées par le général Benaïad.

Est-ce une simple erreur, est-il possible que les agents tunisiens l'aient commise de bonne foi? Non, puisqu'ils avaient les comptes originaux sous les yeux.

Ces comptes sont, autant qu'on peut le désirer, détaillés, explicatifs, exclusifs de la prétention des agents tunisiens.

Dans chacun d'eux tous les articles donnant lieu à un boni sont indiqués, et ce boni est immédiatement prélevé.

Pénétrons dans les détails :

Compte A. La recette totale de ce compte est de. . . . . Caf. 39,625 7 » 1/2

Sur cette somme de recettes les agents tunisiens exercent indistinctement un prélèvement de . . . . Caf. 30,581 13 3

Prenons maintenant tous les articles qui, sur la constatation détaillée de ce compte, sont seuls passibles du boni :

29 perceptions sous les art. 1 à 29 . . . . Caf.	16,755	0	3
A déduire le bénéfice déjà prélevé sur Mater (1)	1,026	12	8
A reporter.	15,728	3	7

(1) L'article 30 de ce compte constate que sur une recette de Caf. 4,107 2 9, il a été préalablement prélevé par les mesureurs un *quart* en sus. Il faut donc déduire ce quart de la recette qui doit le boni.

		Report.	15,728 3 7
2 restes pour les dîmes de Bahrini montant ensemble (art. 37 et 38).	Caf.	280 3	
A déduire le quart prélevé.		70 0	210 3 »

Total des recettes du général Benaïad sur lesquelles les bonifications sont dues en vertu du compte A. 15,938 6 7

Compte B. La recette totale de ce compte est de. . Caf. 28,980 8 9 1/4

Sur lesquels les agents tunisiens réclament un boni de. . . . . Caf. 22,366 5 5

Prenons les détails et les constatations de ce compte :

L'art. 23 et les art. 27-28 déclarent et constatent que le boni n'est dû que d'un côté sur. . . . . Caf. 7,231 2 7

Et de l'autre sur. . . . . — 165 13 1 1/4

Total des recettes sur lesquelles les bonifications sont dues en vertu du compte B. 7,396 15 8 1/4

Compte C. La recette totale de ce compte est de. Caf. 22,919 11 10

Sur lesquels les agents tunisiens prétendent à un bénéfice de. 17,688 12 7 1/2

Voyons les recettes donnant droit à un boni aux termes de ce compte :

6 perceptions, art. 5 à 10 . . . . Caf.		2,134 6 »
2 dîmes, art. 12 et 13.	944 1 7	708 1 2
A déduire un quart pour boni prélevé suivant le compte.	236 0 5	
5 perceptions, art. 14 à 18		2,860 0 10
2 id., art. 20 et 21	1,090 9 7	817 15 2
A déduire le quart de boni prélevé suivant constatation au compte.	272 10 5	
5 perceptions, art. 23 à 27.		2,910 3 9
2 id., art. 29 à 30.	1,140 7 3	855 5 5
A déduire un quart prélevé suivant le compte. .	285 1 10	

Total des recettes sur lesquelles seules le boni est dû en vertu du compte C. 10,286 » 4

Total des recettes passibles du boni à l'entrée pour les trois comptes A, B, C. . . . . Caf. 33,621 6 7 1/4

Tel est, article par article, le détail des recettes passibles de boni, conformément aux trois comptes mentionnés et embrassant une période de neuf ans, de 1256 à 1261, et de 1264 à 1266.

Sur quelles quantités cependant, pour les mêmes comptes et les mêmes périodes, les agents tunisiens prétendent-ils faire porter le boni? Résumons-le.

Compte A.		39,625 13 3
— B.		28,980 8 9
— C.		22,919 11 10
		91,526 1 10
au lieu de.	33,621 6 7	

Les agents tunisiens réclament en bonification pour ces comptes :

Compte A.	30,581 13 3
— B.	22,366 5 5
— C.	17,688 12 7
Caffis.	70,636 15 3

Or, d'après la constatations des comptes officiels, des registres du Bey, ils n'ont droit au boni que pour caffis 33,621 6 7, ce qui, même en admettant leur proportion mensongère de 76,87 pour 100, ne pourrait les créditer que de		25,884 » »
Excès dans les évaluations des agents tunisiens . . . . . . Caffis. .		44,752 15 3
sur.	70,636 caffis.	

Ainsi, falsification des comptes de Bahram en ce qui concerne l'établissement comparé de ses recettes et de ses versements; falsification des comptes de Benaïad en ce qui concerne ses bonis alloués; falsification de ces mêmes comptes en ce qui concerne les quantités sur lesquelles il devait les bonis, voilà les résultats acquis jusqu'ici à cette discussion.

Passons à la quatrième falsification.

Le chiffre proportionnel de 76 87 pour 100 attribué aux bonifications est encore un produit de l'imagination inventive des agents tunisiens. Non-seulement il n'a jamais existé, mais encore il est en contradiction flagrante et permanente avec la teneur et les expresses déclarations des comptes et des registres du Bey.

Jamais le chiffre des bonifications n'a été déterminé dans son ensemble. Mais il l'a été explicitement, abondamment quant aux deux opérations dont les bonis se composent ou peuvent se composer : les perceptions d'un côté, les versements de l'autre.

Les comptes A B C contiennent là-dessus les détails les plus multipliés et les plus explicites. Les agents tunisiens, qui les possédaient et s'en servaient pour établir les recettes du général Benaïad, ne peuvent être admis à s'excuser sur l'erreur involontaire.

Ces comptes, en effet, non-seulement indiquent tous les articles passibles ou non passibles du boni, mais encore ils portent, ils déterminent, ils expriment la quotité de ce boni, et ils le définissent selon qu'il s'applique aux recettes ou aux versements.

Pour les perceptions, quand elles donnent lieu à un boni, ce boni est invariablement fixé au *quart* ou *vingt-cinq pour cent.*

Pour les versements, il est avec la même invariabilité fixé à *vingt pour cent.*

Après avoir successivement détaillé toutes les recettes passibles de boni, et procédant au prélèvement de ce boni, le compte A s'exprime en ces termes, article 30 :

« UN QUART DE BONI *sur* TOUS *les caffis de blé* REÇUS, moins cependant ce qui regarde Mater, parce » que ceux qui ont mesuré *ont tenu compte de ce quart,* en le notant sur le livre. Caffis 2,666 1 9. »

Le compte C est encore plus explicite. Il mentionne et fixe d'une manière absolue le taux du boni réservé aux recettes, qui, dit-il par trois fois, *est d'un quart.* (Art. 24, 25, 26.)

Enfin les agents tunisiens ont l'assurance d'avancer que le boni sur les recettes est de 7 caffis 11 ouebas 5 8/10 saâs pour 10 caffis.

Voici le démenti net et précis que leur donnent les comptes et les registres du Bey.

« A ajouter *le boni des caffis* QUI EST D'UN QUART PAR CAFFIS. » (Compte B, art. 23.)

Pour les versements, les comptes déterminent aussi le taux stipulé de la bonification.

Le compte A, article 48, s'exprime en ces termes :

« Boni sur les *versements provenant de la mesure rase et de la moyenne* dite *cecchia* ou *calotte* à » raison de 2 *pour* 10, *c'est-à-dire vingt pour cent,* 1,738 caffis. »

Le compte B fixe à la fois le taux du boni sur les versements et la quantité sur laquelle ce boni doit être prélevé. Ainsi, quoique la totalité des versements constatés dans ce compte soit de caffis 48,215 11 2, il reconnaît que ce boni n'est dû que sur une très-faible partie de cette quantité, 8,484 caffis. Voici le texte :

« Boni provenant de la mesure rase *calculée sur caffis* 6,152 14 10, et *la mesure calotte* dite » cecchia, *caffis* 2,332 6, à raison de 2 pour chaque dizaine de caffis, savoir : *vingt pour cent* sur le » blé versé, caffis 1,697 2 6. » (Compte B, art. 24.)

Le compte C va encore plus loin. Il constate que les 20 pour 100 sont le boni stipulé par les contrats pour les versements.

« Ajouter à ce total *le boni* provenant de la mesure rase et de la moyenne PRESCRIT PAR LES » TESKERÉS. Caffis 1,925 8. » (Compte C, art. 41.)

Résumons tous les points importants constatés par ces citations.

Les boni ne portaient que sur des parties restreintes des recettes et des versements.

Le taux des boni était connu et mentionné dans les comptes par les écrivains du Bey qui les dressaient.

Les boni sur les recettes étaient d'un quart par caffis.

Les boni sur les versements étaient de 20 pour 100.

Ces boni étaient ceux « prescrits par les teskerés. »

Ces boni ont été uniformes et égaux pour Benaïad père (comptes de 1256 à 61) et pour Benaïad fils (comptes de 1264 à 66).

Le *maximum* possible de la bonification due, et uniquement due sur les grains perçus en mesure débordante et versés en mesure rase était de *quarante-cinq pour cent.*

La bonification de 76 87 pour 100 réclamée par les agents tunisiens est donc encore, par tous les témoignages qui se réunissent contre elle, un chiffre fabriqué.

C'est pourtant au moyen de ces diverses fabrications que les agents tunisiens ont abouti à cette nouvelle imputation, à laquelle le général Benaïad doit une réponse :

« Bahram a rendu compte d'un bénéfice de rendement; quel qu'il soit, le résultat est un ! Sur » tant de caffis, il en a bonifié tant. Nous allons donc trouver dans le rendement de M. Benaïad un

» bénéfice plus faible, bien entendu, que celui qu'il devait, mais *au moins uniforme*. Pas du tout.
» Son premier compte portait 1,738 caffis de bonification sur une recette de 39,625 1/2, soit
» 4 38 pour 100.

» Son deuxième compte portait 1,669 9 de bonification sur une recette de 28,980 1/2, soit
» 5 86 pour 100.

» Son troisième compte portait 988 caffis de bonification sur une recette de 9,872, soit
» 10 pour 100.

» Son quatrième compte portait 1,031 caffis de bonification sur une recette de 10,823 caffis, soit
» 9 50 pour 100.

» Son cinquième compte portait 1,984 caffis 1/2 de bonification sur une recette de 22,919 3/4,
» soit 8 65 pour 100.

» Chaque compte, comme on le voit, présente un taux de rendement différent. Ainsi, même en » admettant le système de M. Benaïad, ses comptes ne sont pas exacts. Car si l'un d'eux était con- » forme aux conventions, les autres ne le seraient évidemment pas, puisqu'il ne peut y avoir, aux » termes du traité, *qu'un seul taux de rendement, celui de Bahram*. Et tout ce qui précède s'applique » non-seulement à la Rabta, mais également à l'Alfa et à la Koucha, QUI SE TROUVENT DANS DES » CONDITIONS IDENTIQUES. »

Ces dernières paroles prouvent, comme nous le disions, que le général Benaïad et les agents tunisiens sont d'accord sur l'identité des conditions embrassant indistinctement les recettes de la Rabta, de l'Alfa et de la Koucha.

En ce qui regarde la variété des résultats relevés par les agents tunisiens, le général Benaïad n'a aucun intérêt ni aucune intention de les contredire, au contraire. Ces variétés sont uniquement les conséquences de leurs calculs, les effets de leurs falsifications, de leur exagération des recettes du général Benaïad passibles du boni, de leur déloyale dissimulation des bonis alloués.

Est-il vrai que le général Benaïad ait donné tantôt 4, tantôt 5, et 10, et 9, et 8 pour 100 pour rendement de ses recettes ?

Toute l'illusion que veulent faire les agents tunisiens consiste en principe à englober dans la même redevance de 76 87 pour 100 toutes les recettes du général Benaïad, qu'elles soient ou non sujettes au boni.

Or, le général Benaïad a établi par les comptes A, B, C, qu'une partie des recettes entrées ou sorties de la Rabta étaient seules susceptibles du boni ; il a également établi celles qui étaient dans ce dernier cas.

Il lui reste à prouver que le même taux de boni a été uniformément appliqué à ces recettes.

Aux recettes de ces trois comptes, le même boni est uniformément porté à la charge de Bahrini, de Benaïad père et de Benaïad fils (1), « *le quart, ou vingt-cinq pour cent.* »

Pour les versements, il n'y a également dans aucun des trois comptes un autre boni mentionné que celui-ci : *vingt pour cent* (2).

Ce chiffre de 20 pour 100 est constamment mentionné dans les comptes comme étant celui qu'ex-

(1) *Voir* au compte A les articles 30, 37 et 38.
— B l'article 23.
— C les articles 5, 6, 7, 8, 9, 10, 11, 12, 13, 14, 15, 16, 17, 18, 19, 20, 21, 23, 24, 25, 26, 27, 28, 29, 30.

(2) *Voir* compte A, article 48.
— B, article 24.
— C, article 41.

priment les bonis placés au crédit du général Benaïad dans la *Note explicative*, ce qui n'empêche pas les agents tunisiens d'affirmer à la commission que ces bonis ne représentent que 6, 8 ou 10 pour 100, parce qu'ils les font porter sur des quantités qui n'y ont pas droit.

Pourtant un dernier faux-fuyant, une dernière objection désespérée reste encore aux agents tunisiens.

« Il est vrai, peuvent-ils dire, que les recettes de Bahram sont diminuées pour enfler le terme » comparatif de ses versements; nos façons de compter avec le général Benaïad ne sont pas soute- » nables; nos 76 87 pour 100 étaient un jeu de notre esprit; il est incontestable que par les » comptes les bonis à fournir par les Benaïad ont été reçus à 25 pour 100 pour les recettes, à » 20 pour 100 pour les versements; mais indépendamment de toutes ces chutes, notre prétention » principale est celle-ci : le général Benaïad devait régler comme Bahram et Bahrini, et il ne » prouve point matériellement et sur pièces qu'il ait réglé comme Bahrini et Bahram. »

L'exigence serait excessive. Cette preuve, en effet, c'est aux agents tunisiens, non au général Benaïad, à la faire. Il consent cependant à ne pas laisser même ce refuge à ses adversaires. Il peut et il veut prouver que son père et lui ont exactement observé les conditions de Bahrini et de Bahram.

D'abord le boni alloué par les deux Benaïad est constamment le même, et ce n'est que par une frauduleuse manœuvre de chiffres qu'on a pu élever une contestation à cet égard.

Les preuves en sont trop nombreuses pour laisser un doute.

On l'a vu; les comptes A, B, C portent exactement et uniformément les mêmes bonifications; 25 pour 100 aux recettes, 20 pour 100 aux versements.

Les écrivains du Bey qui ont dressé ces comptes, en adoptant pour le boni ce chiffre et non pas un autre, ont incontestablement été guidés par un motif, une base fixe, un précédent formant leur règle.

Cet élément indispensable de leur calcul, cette base, cette règle, ils devaient nécessairement, pour le premier compte commençant à 1256, les aller chercher dans les deux amras du 13 redjeb de la même année « faisant savoir à tous, généraux, caïds, préfets, sous-préfets, *fonctionnaires* » et sujets » que Mohammed Benaïad était investi de la direction de la Rabta et de l'Alfa.

Il serait trop exorbitant de prétendre que ces actes, portés à la connaissance de tous les fonctionnaires, étaient restés cachés à ceux auxquels il importait le plus spécialement de les faire connaître, c'est-à-dire aux agents officiels de la comptabilité.

En effet, ces agents y trouvaient leurs devoirs et les obligations de Mohammed Benaïad exprimés avec toute la netteté et la clarté possibles.

Ces amras leur apprenaient comment Benaïad devait compter avec eux.

» *Il percevra* et *livrera également* les blés du gouvernement. *Nous lui avons imposé de se con-* » *former aux mêmes obligations que les autres directeurs* EN TOUTE CHOSE. » (Pièce justificative n° 5.)

En toute chose, et par conséquent pour les perceptions et livraisons qui viennent d'être mentionnées; voilà les obligations de Benaïad bien définies; elles sont celles des autres directeurs, des directeurs qu'il remplaçait.

Dans le second amra, les paroles sont, s'il est possible, encore plus expresses :

« *Nous lui avons imposé les mêmes obligations qu'aux autres directeurs de l'*ALFA. »

Dès qu'il s'est agi de régler les comptes de 1256, qu'ont fait et dû faire dès lors les écrivains du Bey?

Ils ont pris les comptes, ils ont examiné les obligations des prédécesseurs de Benaïad ; ils y ont trouvé les chiffres déterminés pour les bonis, et ils les ont appliqués aux comptes de Benaïad.

Ici l'oubli n'était pas possible ; la transmission et la tradition étaient directes et immédiates. Il s'agissait de la transition de 1255 à 1256 ; il ne s'agissait que d'appliquer à 1256, aux termes des deux amras, les conditions observées en 1255.

Les noms seuls étaient changés ; le nom de Mohammed Benaïad substitué à celui de Bahram.

Quand donc pour 1256, 1257, 1258, 1259, les écrivains du Bey constatent dans les comptes que le boni dû par Mohammed Benaïad est d'un quart par caffis ou 25 pour 100 pour les recettes, de 20 pour 100 pour les versements, il est évident que ces chiffres de boni n'étaient ceux de Mohammed Benaïad que parce qu'ils avaient été ceux de Bahram.

C'est leur seule logique et acceptable raison d'être. Autrement on défie les agents tunisiens de donner un motif plausible à la fixation invariable de ces deux chiffres dans tous les comptes, 25 pour 100, 20 pour 100.

En outre, il faut remarquer que le teskeré de chaoual 1262, invoqué par les agents tunisiens, n'est lui-même sous d'autres termes que la répétition des deux amras de redjeb 1256. Ceux-ci avaient déclaré que Mohammed Benaïad serait tenu de régler comme les autres directeurs de la Rabta, etc. ; celui-là prescrit que Mahmoud Benaïad devra régler comme Bahram, Ben-Abbas et Bahrini, qui étaient ces mêmes directeurs de la Rabta, de l'Alfa et de la Koucha, auxquels avait succédé Mohammed Benaïad.

Or, rappeler en 1262 que Mahmoud Benaïad devait continuer à régler comme eux, c'était implicitement, mais certainement, reconnaître que jusqu'alors Mohammed Benaïad avait aussi réglé comme eux.

Le teskeré dans lequel cette déclaration se lit avait pour objet, en effet, d'arrêter le règlement du compte de Mohammed Benaïad pour 1260 et 1261, et si les conditions des deux amras portant que Benaïad père devait les mêmes règlements que ses prédécesseurs n'eussent pas été fidèlement exécutées, certes ce n'est pas le moment où on imposait au fils les obligations du père en arrêtant et quittançant le compte de ce dernier, qu'on eût pu oublier qu'il n'avait pas tenu les engagements rappelés.

La lettre et l'esprit des actes comparés à la contexture des comptes témoignent donc que Mohammed Benaïad réglait comme Bahram, que Bahram avait réglé comme Mohammed Benaïad.

Mais ce même compte de 1256 contient la preuve immédiate et matérielle de ce fait.

S'il y a un point acquis par les protestations même des agents tunisiens, c'est certainement celui-ci : que les trois prédécesseurs des deux Benaïad, Bahram à la Rabta, Ben-Abbas à l'Alfa, Bahrini à la Koucha, étaient identiquement soumis au mêmes taux pour leurs bonifications.

Bahram et Bahrini particulièrement se partageaient la perception des dîmes de blé, Bahram recevant celles qui étaient attribuées à la Rabta, et Bahrini celles qui devaient former l'approvisionnement de la boulangerie ou Koucha.

Bahram et Bahrini étaient tous deux percepteurs de la dîme, chacun dans ses attributions, au même titre et au même taux.

Si le taux du rendement des recettes de Bahram était de 76 87 pour 100, celui de Bahrini était de 76 87 pour 100 ; si le taux de rendement de Bahrini était de 25 pour 100, le taux de Bahram était de 25 pour 100.

Déterminer le boni alloué par Bahrini, c'est donc déterminer le boni alloué par Bahram et réciproquement.

Or, le compte commençant en 1256, et portant au débit de son successeur l'arriéré à recevoir du compte arrêté de Bahrini, exprime, de la façon la plus expresse, le boni alloué par Bahrini pour les recettes. Voici les textes :

« *Le reste* de LA DÎME DE BAHRINI, des dîmes de Mater, année 1254 jusqu'à 1255 inclusivement, » AVEC LE QUART DE BONI. Caffis 162 13. » (Compte A, art. 37.)

« Le reste de *la dîme* de la grande province DE BAHRINI, années 1254 et 1255, AVEC LE QUART » DE BONI. Caffis, 117 6. » (Compte A, art. 38.)

Voilà la preuve, écrite de la main des officiers comptables du Bey, que Bahrini, et par conséquent Bahram, payaient un boni d'un quart ou 25 pour 100 sur leurs perceptions. Benaïad aussi a payé un quart ou 25 pour 100 pour les siennes; dès lors Benaïad a réglé comme Bahram et Bahrini.

Une remarque encore. Dans ce compte de 1256 à 59, où sont fusionnés les comptes de Bahram, de Bahrini et ceux de Benaïad, toute méprise est impossible. Les bonis dus par Bahrini, les bonis dus par Benaïad sont tous les deux mentionnés à quelques lignes de distance : les bonis de Bahrini y sont perçus à 25 pour 100; les bonis de Benaïad y sont prélevés à 25 pour 100; les bonis de Benaïad, de Bahram, de Bahrini, tous sont donc de 25 pour 100, et tous ont été réglés à 25 pour 100.

A côté de ces constatations des amras, des teskerés et des comptes officiels, il faut encore placer les vérifications opérées par le Bach-cateb en 1265, sur les réclamations du général Benaïad lui-même. Celui-ci prétend qu'on lui impose un mode de règlement plus onéreux que celui de Bahrini; il invoque les règlements de Bahrini, et, après discussion contradictoire en présence du Bey, le Bach-cateb reconnaît son erreur, et de sa main restitue sur les livres près de 4,000 caffis, qu'il a prélevés de trop sur le général Benaïad. Le Bach-cateb eût-il opéré cette restitution si le général n'eût pas réglé comme Bahrini?

Sur le taux du boni des versements fixés à 20 pour 100 tant pour Benaïad que pour Bahrini et Bahram, la Commission va se trouver devant les mêmes témoignages.

D'abord les trois comptes A, B, C attestent absolument tous les trois que la bonification à percevoir sur les versements est uniformément de 20 pour 100.

Au risque de nous répéter, citons les textes :

« Boni sur les versements provenant de la mesure rase et de celle moyenne dite *cecchia,* dite » calotte, à raison de 2 pour 10, *c'est-à-dire* 20 *pour* 100. » (Compte A, art. 48.)

Le compte B, art. 24, répète et confirme cette fixation.

Le compte C, art. 40, en indique les motifs.

« Ajouter à ce total *le boni* provenant de la mesure rase à la mesure moyenne PRESCRIT PAR LES TESKERÉS : 1928 8. »

Quels étaient ces teskerés invoqués en 1267 comme fixant la proportion des bonis? ce ne pouvaient être que ceux délivrés ou à Benaïad ou à Bahram et Bahrini. Si c'étaient les teskerés de Benaïad, les conditions que lui imposait le teskeré de chaoual 1262 étaient donc exécutées; si c'étaient ceux de Bahram et Bahrini, les obligations qu'ils avaient contractées avaient donc été observées aussi par Benaïad.

Mais le compte A va présenter à la commission un texte plus formel et plus étroit encore. Il va confesser matériellement que les versements de Benaïad ont été faits comme ceux de Bahrini.

« Montant des versements (de Benaïad) à la boulangerie du Bardo, CONFORMÉMENT AU RÈGLEMENT DU COMPTE DE BAHRINI pour le pain et autres objets, 6,477 caffis. » (Compte A, art. 56.)

Les amras publics d'investiture de Mohammed Benaïad lui imposaient les mêmes obligations, les mêmes conditions de rendement et de règlement que ses prédécesseurs.

Ces amras étaient connus et exécutés par les écrivains du Bey prélevant, en 1256, 57, 58, 59, sur Mohammed Benaïad, 25 pour 100 pour le boni des recettes, 20 pour 100 pour le boni des versements;

Ces bonis sont ceux qu'avaient payés avant Mohammed Benaïad, Bahram et Bahrini;

Mohammed Benaïad a réglé comme Bahrini et Bahram; Bahram et Bahrini ont réglé comme Benaïad;

Voilà ce qui ressort jusqu'ici fermement, souverainement des pièces, des preuves qui viennent d'être exposées.

A ces pièces, à ces preuves, il faut maintenant donner leur couronnement, leur sanction et leur fin.

Après le compte de 1256-59, vient le compte de 1260-61.

Il est réglé par le teskeré de chaoual 1262.

Ce teskeré porte en même temps confirmation des trois fermages de la Rabta, de l'Alfa et de la Koucha pour un terme nouveau.

Il a donc deux objets : constater les conditions auxquelles le fermage est prolongé et les conditions auxquelles le règlement a été opéré, le fermage devant continuer aux mêmes conditions qui ont présidé au règlement.

Copions maintenant.

« Benaïad ayant encore affermé de nous la Rabta, l'Alfa et la Koucha de Bardo pour les trois » susdites années, moyennant 100,000 piastres par an, il est tenu de se conformer, quant à la » recette et aux livraisons des grains, au règlement de Bahram en ce qui concerne la Rabta, au » règlement de Ben-Abbas pour l'Alfa, enfin au règlement de Hassan Bahrini pour la Koucha, *ni* » *plus ni moins*, ET NOUS AVONS DÉJA RÉGLÉ AVEC LUI LESDITS AFFERMAGES pour les trois années men- » tionnées, CONFORMÉMENT A CE QUI VIENT D'ÊTRE DIT ET ÉCRIT. »

Ainsi, après les déclarations et constatations multipliées presque à chaque ligne des comptes de Mohammed Benaïad, c'est-à-dire presque à chaque ligne des comptes inscrits sur les registres du palais, intervient en 1262, comme leur résumé, leur consécration et sanction finale, sous l'acte et la signature du souverain, l'attestation déposée entre les mains de Benaïad qu'en effet il a réglé conformément à ce qui vient d'être dit et écrit, et il vient d'être dit et écrit que pour les recettes et livraisons, Benaïad devait se conformer aux conditions de règlement de Bahram, de Ben-Abbas et de Bahrini.

Il n'y a plus qu'un mot à ajouter. Toutes ces justifications relatives à la gestion de Benaïad père, de 1256 à 1262, s'appliquent avec la même rigueur et la même puissance à la gestion de Benaïad fils, puisqu'il est unanimement reconnu et avoué que Benaïad fils a réglé constamment comme Benaïad père.

Après ce faisceau de démonstrations, cette accumulation de faits et de témoignages authentiques, comment s'empêcher de conclure, avec le général Benaïad, que dans cette affaire le scandale a été poussé aussi loin que possible par les agents tunisiens, qu'ils n'ont reculé devant aucun moyen, devant aucune pratique pour disputer à un homme opprimé et calomnié ses droits, ses titres, son bien, son honneur, l'énorme dette que leur gouvernement a contractée envers lui et que cette conduite, devant un tribunal dont ils devaient à la fois respecter la grandeur et craindre le discernement, ne peut avoir pour excuse ni l'erreur ni la bonne foi.

Cependant, sachant bien que leur roman sur Bahram ne pouvait vivre que dans les ténèbres, et qu'il s'évanouirait au jour des vérifications si les juges avaient l'indiscrétion de les exiger, les agents tunisiens se sont réservé encore une petite ressource. Ils élèvent la prétention que le général Benaïad présente une seconde fois ses comptes, des comptes dont les plus anciens ont quinze ans de date, des comptes apurés, vérifiés, quittancés, des comptes dont beaucoup de pièces sont déchirées et anéanties, des comptes dont, par l'enlèvement des livres de la Rabta, ils croyaient les éléments ravis à jamais au général Benaïad et sous le séquestre de leur gouvernement. — Eh bien! le général Benaïad consent encore à se prêter à cette fantaisie, et pousser jusque-là au pied du mur les agents tunisiens.

Il va leur produire, et produire à la Commission le relevé de ses livres et des livres du Bey.

Voici d'abord le compte général de ses recettes de 1256 à 1266 :

Dîmes de 1256 à 1266, y compris le quart de boni. . . . . Caffis.		56,629
Fermage de l'Hannacher (redevance fixe).		19,500
Dîmes de Baja, y compris caffis 2,786 2 7, provenant de l'Ouatan, ne donnant pas de boni, comme il conste des comptes A, B, C		14,000
Idem de Sahel, Kérouan, etc., *idem*		18,500
Recettes effectives des dîmes, etc., de 1256 à 66.		108,629
A ajouter le boni des versements, sur la mesure rase, pour les onze années.	7,440	
Arriéré du dernier compte 1266, sur les agriculteurs.	15,235	
		22,675
Total des recettes provenant des dîmes à quelque titre que ce soit. . . . . . Caffis.		131,304
Plus pour blé d'achat		70,000
Total général des recettes. . . . . Caffis.		201,304

Sur ce chiffre de recettes, les agents tunisiens sont d'accord avec le général Benaïad, à d'insignifiantes fractions près, et cette divergence sans valeur provient de ce que le général Benaïad, n'ayant pas à sa disposition les comptes détaillés de 1262 à 63, a été obligé d'évaluer approximativement quelques-unes des recettes de ces deux années; mais l'imperceptible différence du chiffre des deux parties prouve elle-même l'exactitude aussi complète que possible de ces approximations.

Les recettes du général Benaïad sont, en effet, ainsi portées dans les tableaux de la *Note explicative*, page 13 :

1256 à 1259 . . . . Caffis.	39,625
1260 et 1261	28,980
1262	9,872
1263	6,751
1264 à 1266.	22,919
Total des recettes effectives, dîmes et réceptions de tout genre des deux Benaïad, selon la *Note explicative* . . . . Caffis.	108,147

Le général Benaïad porte 108,529 caffis, et il a déjà expliqué les motifs de cette indifférente nuance.

A reporter.	108,147

Report	108,147
A ajouter le boni des cinq comptes que les agents tunisiens consentent à reconnaître comme versé (page 12)	7,440
Arriéré dû par les agriculteurs pour 1266	15,235
Total des recettes, y compris les bonis et l'arriéré	130,822
En y joignant les blés d'achat	70,000
Total très-approximativement égal des recettes portées par le général Benaïad. Caffis.	200,822

Le général Benaïad a donc à justifier d'un versement total des 201,000 caffis. Il présente cette justification :

Versements *en mesures marchandes* à la boulangerie des casernes.	91,127	
Versements, *mesure marchande*, à la boulangerie du Bardo.	29,686	
Versements opérés aux boulangeries ensemble.		120,813
Versements à divers, *mesure marchande*.		32,500
A divers, *mesure rase* et *mesure moyenne*, passibles du boni de 20 pour 100		36,893
Solde à son débit dans le dernier compte (1266).		11,071
Total général des versements. . . . . Caffis.		201,277

Procédons à la preuve de la réalité de tous ces chiffres de versements.

Le premier de ces chiffres et le plus gros, celui des 120,813 caffis versés aux boulangeries, se décompose et se justifie de la manière suivante :

32,339 caf.	appliqués aux subsistances militaires de la Casba et versés suivant la reconnaissance et la déclaration de trois teskerés du Bey existant entre les mains du général Benaïad, dont la traduction forme le n° 14 des Pièces justificatives, et dont les originaux sont fournis à la Commission.
58,788 caf.	versés aux boulangeries du 1er régiment, de Halk-el-Aouad, de Dabdaba, et dans celle des 5e et 6e régiments, située à la Mahomédie, versements prouvés et reconnus par dix-neuf teskerés du Bey formant la pièce justificative n° 15, et fournis également en original à la Commission.
29,686 caf.	versés à la boulangerie du Bardo, comme le déclarent cinq teskerés du Bey formant la pièce justificative n° 16 et joints aux pièces en original.
120,813 caf.	TOTAL égal.

Le second chiffre est celui de 32,500 caffis versés à divers en mesures marchandes.

Ici la production des teskerés prouvant la livraison est impossible, par la raison connue que le Bey les a déchirés en les réglant et après avoir constaté leur inscription sur les registres. Mais si, contre toute attente, il était contesté par les agents tunisiens, la vérification en serait très-facile. D'abord le général Benaïad fournit les livres contenant les comptes A, B, C; ces livres indiquent la date et la quantité de ces versements par jour et par personne. Ces comptes, on le sait, embrassent neuf années. Que les agents tunisiens, pour les années 1262-63, apportent de leur côté soit les registres du Bey, soit les livres du général confisqués à la Rabta, et la contestation finira. Mais le général Benaïad le répète, il est convaincu qu'elle ne peut pas être élevée.

Le troisième chiffre est celui des versements pour 36,893 caffis, soit en mesure rase, soit en mesure moyenne.

Quoique les teskerés de livraison en soient aussi déchirés, la réalité de ces versements peut être immédiatement et complétement démontrée.

D'abord les comptes A, B, C donnent le chiffre exact des versements opérés en mesure rase et en mesure moyenne. En voici le relevé :

1256 à 1259.	—	Mesure	rase.	Caf. 5,735	
Idem.	—	*Id.*	moyenne.	2,953	8,688 caf.
1260 à 1261.	—	*Id.*	rase.	6,152	
Idem.	—	*Id.*	moyenne.	2,332	8,484
1264 à 1266.	—	*Id.*	rase.	6,905	
Idem.	—	*Id.*	moyenne.	2,721	9,626
			TOTAL.		26,798 caf.

Il manque à ce chiffre, pour compléter les onze années, celui de 1261 et 1262.

Les agents tunisiens vont nous en fournir les incontestables éléments.

On sait que les bonis portés au crédit du général Benaïad dans la *Note explicative*, page 12, se composent uniquement de ceux qui concernent les versements et qui s'élèvent à 20 pour 100.

En cherchant donc le capital représenté par cette bonification, nous aurons la somme des versements effectués dans les deux années mentionnées.

Pour l'année 1263, la *Note explicative* porte ce boni à 988 caffis.	Capital 4,940	
Pour 1262, à 1,031 caffis.	— 5,155	10,095
TOTAL égal au chiffre des versements mesures rase et moyenne.		36,893 caf.

Le quatrième et dernier chiffre est celui qui constitue le solde au débit du général, porté au compte de 1266. Cet article n'a pas besoin de justification, les deux parties étant unanimes sur ce point.

Voilà le compte des versements du général Benaïad rendu, justifié et prouvé dans ses quatre articles.

Ce compte lui fournit l'occasion naturelle d'examiner et de détruire ce qui peut rester des assertions des agents tunisiens relativement à l'achat et au versement des 85,000 caffis de blé commandés à diverses époques (1).

D'abord la *Note explicative* a élevé aussi à leur endroit, du moins pour ceux qu'elle reconnaît avoir été versés, une prétention à un boni de 20 pour 0/0.

Cette prétention va être anéantie en quelques mots.

Le compte B déclare textuellement, article 23, que les blés d'achat ne *doivent point de boni*, justement à propos des 10,000 caffis, de 1260-61, sur lesquels les agents tunisiens prélèvent hardiment un boni de 2,000 caffis. (*Note explicative*, page 13.)

En outre, les agents tunisiens, dont l'intérêt est d'accumuler les brouillards sur le débat, se sont évertués à confondre dans la même comptabilité et la même opération des opérations et des comptabilités parfaitement distinctes.

(1) Y compris les 15,000 caffis achetés en 1268.

Ainsi ils se sont toujours appliqués à confondre les comptes de la Rabta avec ceux de la Koucha du Bardo et des diverses boulangeries.

La simple inspection des actes, et ils les possédaient, devait cependant les détourner de cette voie.

Les agents tunisiens ne peuvent ignorer et n'ignorent point, par exemple, qu'à part la Koucha du Bardo, le Bey, par un amra en date du 27 hedja 1263, afferma au général Benaïad l'approvisionnement des soldats et des boulangeries destinées aux troupes, etc., pour trois ans, moyennant la redevance annuelle de 150 caffis (1).

Les conditions de rendement de ce fermage étaient expressément mentionnées dans l'acte souverain; on fixait ce rendement à un chiffre exprimé et déterminé. Il n'était dit un mot ni de Bahram, ni de Bahrini, ni de leurs conditions.

Pourtant ces versements entrent dans les éléments du boni de 76-87 pour 0/0 réclamé par les agents tunisiens, comme étant soumis aux obligations de Bahram et de Bahrini.

Or, cet amra déterminait en ces termes la nature des versements à faire à ces boulangeries :

« Il (Benaïad) recevra le froment de la Rabta, *mesure marchande.* »

Tous les achats de blé faits au général par le gouvernement ont été stipulés comme devant être fournis *mesure marchande* (2).

Les versements effectués aux boulangeries en question s'élèvent, comme il est justifié ci-dessus, à 91,127 caffis. Les 29,636 caffis versés au Bardo l'ont été dans les mêmes conditions, *mesure marchande.*

Les 70,000 caffis d'achats jusqu'en 1266 ont été versés tant à la boulangerie du Bardo qu'à celles des casernes.

Or, s'il résulte des marchés que ces 70,000 caffis de blé achetés ont dû être versés à la Rabta, *mesure marchande*, s'il résulte des amras qu'ils ont dû être versés par la Rabta aux boulangeries, *mesure marchande*, comment les agents tunisiens peuvent-ils prétendre à un boni de 20 pour 100 pour différence de mesure entre l'achat et le versement.

L'allocation de 20 pour 0/0 prétendue pour la bonification des blés achetés est donc aussi insoutenable que les autres.

Quant aux autres bonifications fabriquées à propos des dîmes perçues par le général Benaïad, il a voulu les discuter pied à pied; mais en vérité, à quoi bon? Est-ce qu'il en devait compte? Est-ce qu'elles étaient portées sur les registres autrement que pour obéir à cette volonté du Bey qui tenait à ce que son gouvernement eût l'air de percevoir directement ces contributions? Est-ce que tous les amras et les contrats n'ont pas prouvé que chacun de ces revenus était affermé au général Benaïad à forfait, à prix fixe? Est-ce que les teskerés et les comptes en numéraire ne portent pas règlement et quittance de ces prix fixes? Est-ce qu'après avoir payé ces prix fixes, le général Benaïad n'avait pas droit exclusif à tous les fruits, à tous ces revenus quels qu'ils fussent, grands ou petits, bons ou mauvais, sans que le gouvernement en eût quelque chose de plus à retirer? Sur quel revenu donc les agents tunisiens réclament-ils leur boni du général Benaïad comme percepteur comptable du Bey? Est-ce sur Djerby, sur l'Ouatan, sur Bizerte, sur Toubourba, sur Ras el Dgebel, sur Gar el Meleck, sur l'Hannacher; mais par des actes ou publics ou secrets, chacun de ces revenus a été affermé au général Benaïad. On a reçu le prix du fermage; on n'a plus rien à prétendre sur les fruits.

Est-ce pour cela que les agents tunisiens ont fait tant d'efforts dans le but de confondre sur une

(1) Pièce justificative n° 17.
(2) Voir ces marchés au mémoire Benaïad, 2; Pièce justificative n° 32.

seule et même tête la gestion très-distincte du général Benaïad et de son père, qui, en effet, a reçu plusieurs de ces mêmes revenus comme simple percepteur du Bey, et non comme apaltateur à prix ferme; ou bien les agents tunisiens ont-ils pensé que des juges français ne les verraient pas sans répugnance remuer les restes d'un mort, pour venir demander à son fils des comptes réglés, quittancés, éteints depuis dix et quinze ans; ont-ils craint enfin que le fils ne se retranchât derrière sa propre irresponsabilité?

Quoi qu'il en soit, le général Benaïad n'a reculé devant aucune exigence; il a accepté la responsabilité des actes paternels, tout en faisant observer ce qu'il y avait d'insolite et d'exorbitant dans des procédés de cette nature. Ses adversaires ont néanmoins persisté; ils sont allés plus loin : ils l'ont accusé (1) « d'une grave altération dans les ordonnances du Bey; » d'avoir, dans les pièces justificatives, « *substitué le nom de son père au sien pour la qualité de directeur de la Rabta,* » et ils signalent à la commission « un fait AUSSI GRAVE *au point de vue de* LA MORALITÉ *de la cause.* »

Le général Benaïad se félicite de voir les agents tunisiens qualifier ainsi toute altération de pièce et sans doute aussi toute falsification de compte. Ils viennent de prononcer leur propre jugement.

Mais encore ici c'est contre eux-mêmes que leur arme va se retourner. Le général Benaïad a dit que son père était, de 1256 à 1261, le seul, le vrai directeur de la Rabta et de l'Alfa, et le général Benaïad le prouve en opposant aux agents tunisiens l'amra d'investiture du 13 rejeb 1256, qui fait connaître à tous *Mohammed*, non *Mahmoud* Benaïad, comme le directeur de la Rabta et de l'Alfa.

Aussi les agents tunisiens, qui au fond savent la vérité, se ménagent encore une retraite. Il est possible, disent-ils, que les concessions fussent passées sous le nom du père; mais, en réalité, c'était le fils qui avait soit la direction, soit la gérance de fait, et la *Note explicative* en présente la preuve.

« Dans les ordonnances de Son Altesse qu'il a en son pouvoir, qui lui prescrivaient d'acheter les » 10,000 caffis de blé passés dans le compte de la Rabta de 1261, et les 15,000 caffis de blé passés » dans son compte de 1262, il est ordonné à M. Benaïad fils d'acheter le blé, de le verser à la » Rabta et d'en rendre compte. SI C'EUT ÉTÉ SON PÈRE QUI FUT LE VÉRITABLE ET SEUL AGENT DE LA RABTA » et *le seul tenu pour tel* par le gouvernement, *il eût été prescrit au fils de verser les blés au père*, et » à CELUI-CI D'EN RENDRE COMPTE (p. 9). »

C'est la question telle que prétendent la poser les agents tunisiens; même dans ces termes, le général Benaïad l'accepte. Si ces ordres n'ont pas été donnés par le Bey, le père n'était qu'un prête-nom du fils combinant déjà sans doute les instruments et les moyens de sa concussion de quinze ans; si ces ordres ont été donnés, les agents tunisiens ont trompé la Commission, ils ont calomnié le général Benaïad en lui imputant une sorte de faux, ils sont encore une fois convaincus de fausser les situations, et il faut, pour nous servir de leur qualification, signaler à l'attention des juges « *un fait aussi grave pour la moralité de leur cause.* »

Voici l'ordre donné à Benaïad fils (*Mahmoud*) pour verser les 10,000 caffis de blé à Benaïad père (*Mohammed*) comme directeur de la Rabta :

« Notre présente *ordonnance* est entre les mains de notre vénérable fils *Mahmoud Benaïad. Nous avons acheté de lui dix mille caffis de froment* et dix mille caffis d'orge, mesure marchande, moyennant quatre-vingts piastres le caffis de froment, et quarante piastres le caffis d'orge. Le montant de la somme totale est de douze cent mille piastres. *Nous l'avons autorisé à verser ce froment à la*

(1) *Note explicative*, p. 9.

Rabta. Le directeur le recevra, mesure marchande, et *il nous en tiendra compte.* Cette autorisation est pleine et entière et doit avoir son effet.

» Écrit le 17 hedja 1259.

» *Signé :* AHMED, Pacha Bey. »

Voici l'ordre adressé à Benaïad père (Mohammed) de recevoir de Benaïad fils (Mahmoud) ces 10,000 caffis de blé :

« Notre fils illustre et vénérable *Mohammed Benaïad*, alai-émin et *directeur de la Rabta*, que Dieu protége !

» *Vous recevrez de* notre fils *Mahmoud Benaïad dix mille caffis de froment* et dix mille caffis d'orge, mesure marchande, attendu que nous les avons achetés de lui et *que nous les avons portés à votre débit.* VOUS EN RÉGLEREZ LE COMPTE AVEC NOUS.

» Écrit le 17 hedja 1259.

» *Signé :* AHMED, Pacha-Bey. »

Ces deux pièces sont remises en original à la commission.

Le général Benaïad joint également aux pièces justificatives, n° 18, un autre teskeré du Bey, où Mohammed Benaïad règle avec Son Altesse pour la boulangerie du Bardo, en sa double qualité de directeur de la Koucha et de la Rabta.

Presqu'à chaque assertion les agents tunisiens sont donc pris en flagrant délit de falsification et de calomnie. Ajoutons encore à ce bilan déjà si gros.

Pour se soustraire au payement des 27 millions en permis de sortie d'huile négociés en vertu des autorisations les plus authentiques et les plus expresses du souverain, pour soutenir leur accusation odieuse de comptabilité fausse et de vol, les agents tunisiens se sont vus réduits à affirmer que le général Benaïad puisait dans les magasins de l'État les blés qu'il devait lui verser; ils ont affirmé que le général Benaïad n'avait pas acheté le blé qu'il vendait, et ils l'ont défié de produire la preuve de ses achats.

Les agents tunisiens ont bien peu de mémoire, même en ce qui concerne leurs propres affaires et leurs propres transactions.

Cependant la Commission, qui veut s'éclairer de toutes les lumières et accueille tous les moyens de constater la vérité, a invité, dans ses questions, le général Benaïad à fournir cette dernière preuve au débat, à produire ses livres, à indiquer les noms des navires porteurs des cargaisons, celui des correspondants qui les avaient expédiées, celui des consignataires auxquels il les aurait achetées.

Le général Benaïad obéit avec joie.

Ses achats sont de trois natures :

Il échangeait contre argent les teskerés tirés sur lui par le Bey.

Il achetait dans le pays aux cultivateurs et propriétaires.

Il faisait venir du dehors des quantités considérables de grains.

Il avait enfin ses propres récoltes et les produits de ses fermages.

Les agents tunisiens connaissent parfaitement ces faits; ils les connaissent si bien, que, dans cette discussion, le général Benaïad aura plus d'une fois à invoquer d'eux un témoignage qu'ils ne pourront pas lui refuser. Mais les preuves détaillées et complètes sont contenues dans les registres ravis à la Rabta, et les agents tunisiens ont pensé encore une fois que dès lors le général Benaïad serait dans l'impuissance de les contredire autrement que par d'insuffisantes protestations.

Ils se sont trompés. Indépendamment des registres de la Rabta, où les achats de toute nature du général Benaïad sont détaillés, il avait encore ses livres personnels, sa comptabilité particulière, tenue par son propre caissier, embrassant l'ensemble de ses affaires. De cette comptabilité, le général Benaïad possède à Paris dix-neuf registres qui, s'ils ne sont, sous le rapport des achats de blé, la reproduction textuelle des détails conservés dans les livres de la Rabta, en sont du moins le résumé fidèle, sinon complet.

Ces dix-neuf registres, le général Benaïad les soumet à la Commission dans le cas où elle voudrait faire vérifier, s'il y a lieu, la véracité de ses assertions, qui ne seront elles-mêmes que l'extrait de ces registres.

Le général Benaïad avance qu'il rachetait à prix d'argent les mandats ou teskerés de blé tirés sur lui par le Bey.

Les rations de blé à Tunis se distribuent au corps particulier connu sous le nom de zouaves, à certaines tribus dont c'est le privilége, etc. Il en était de même pour les rations de pain auxquelles avaient droit les réguliers, le corps de Mamelucks ou des *esclaves* du Bey, les ministres, les dignitaires, les généraux, les personnages de la cour, la maison du Bey, un certain nombre de fonctionnaires.

Ministres, courtisans, fonctionnaires, généraux, officiers, soldats, tous préféraient échanger les teskerés du Bey contre leur valeur en argent, et ils en recevaient le prix débattu et convenu entre eux et les agents du général Benaïad.

Ce mode d'agir était universel. Ainsi le kasnadar, ne voulant point recevoir en nature ses rations de pain, les passait en payement à ses domestiques, à ses blanchisseurs, qui venaient les convertir en argent à la Rabta. Les registres déposés du général Benaïad en font foi; l'un des représentants actuels du Bey à Paris, le général Kereddin, figure également au même titre sur ces registres. Ils prouvent que son domestique, Mohammed el Bachali, venait régulièrement toucher les rations de son maître en argent mois par mois.

Les Turcs, les zouaves, les Mamelucks préféraient unanimement l'argent au pain ou au blé, parce que par cet échange, au lieu du pain plus inférieur des casernes, ils allaient acheter hors la ville du pain frais et plus blanc. Il n'est pas besoin d'exposer les nombreuses raisons pour lesquelles les officiers, les fonctionnaires grands ou moyens sans exception, préféraient les espèces à leurs rations de blé ou de pain.

Les employés de la Rabta, les écrivains eux-mêmes du Bey, ayant droit par leurs fonctions à des prélèvements de blé, les percevaient aussi en argent, quoiqu'ils fussent portés sur les comptes en nature.

Les Turcs, les zouaves, les tribus, les fonctionnaires grands et moyens recevaient leur blé en mesure rase pour la plus grande part, et un certain nombre en mesure moyenne. Les dix-neuf registres mentionnés constatent nom par nom, mois par mois, an par an, la quantité de ces rachats. Or, ces rachats embrassent la totalité des teskerés payables en mesure rase. Les versements en mesure rase s'étant élevés de 1256 à 1266 à environ 25,000 caffis, le général Benaïad affirme qu'il est au-dessous de la réalité en portant la somme des rachats de 1256 à 1269, époque où la Rabta lui fut enlevée, en y comprenant les rachats sur mesure moyenne, dont une partie était payée en blé, à 30,000 CAFFIS.

S'il y a contestation, le relevé des dix-neuf registres, trop long à opérer dans ce moment de presse, tranchera le différend; le général Benaïad n'en craint pas le résultat.

Dans la catégorie des rachats, il faut aussi compter les rations de pain rachetées, qui naturellement se transformaient en blé pour le général Benaïad, fermier à la fois des boulangeries et de la Rabta. Les registres en constatent le nombre et la valeur. Le général Benaïad, sans crainte d'être démenti par la vérification, les porte à 20,000 CAFFIS.

Minimum du blé fourni au général Benaïad par les rachats selon les dix-neuf registres susdits et les livres de la Rabta, 50,000 CAFFIS.

Voyons, toujours d'après les dix-neuf registres, la quantité de blé que ses achats directs aux caïds, aux tribus, aux propriétaires, etc., ont mis à la disposition du général Benaïad.

Ces achats de blé à l'intérieur ne peuvent être niés ni par le kasnadar ni par les agents tunisiens, par la grande raison que le kasnadar lui-même y a participé, et que les agents tunisiens font partie des vendeurs avec lesquels a traité le général Benaïad.

En effet, sous la date du 5 chaban 1260, c'est-à-dire à la même époque où le général Benaïad avait vendu au gouvernement tunisien 10,000 caffis de blé et 10,000 caffis d'orge, le kasnadar formait avec lui une association pour l'achat dans le pays de 10,000 caffis de blé et de 13,000 caffis d'orge.

La traduction de cet acte ou teskeré d'association, signé par le kasnadar, fait partie des pièces justificatives, sous le n° 19. L'original en est joint aux pièces directement soumises à la Commission.

Elle y verra et la preuve de l'association et la preuve que ces 23,000 caffis de grains devaient être achetés sur les marchés de la régence; car l'acte lui-même indique les localités dans lesquelles les achats doivent être opérés.

Voilà, ce semble, la preuve complète qu'en 1260 le général Benaïad a bien réellement acheté 10,000 caffis de blé et 10,000 caffis d'orge, et qu'il a pu par conséquent les fournir au gouvernement sans les prendre, comme on l'en accuse, dans les magasins du gouvernement.

Les agents tunisiens sont également au courant des achats faits aux propriétaires par le général Benaïad, et ils sont, a-t-il dit, au nombre de ces propriétaires auxquels le général Benaïad a acheté. La preuve en est dans trois reçus du général Kereddin formant la pièce justificative n° 20.

Le premier est en date du 25 chaban 1262; le deuxième, fin sfar 1263; le troisième, de keda 1264.

Le premier est de 20,000 piastres; il ne désigne pas, il est vrai, les marchandises que cette somme est destinée à solder; mais comme le général Benaïad n'a fait avec le général Kereddin que des affaires relatives à des achats de grains, ce reçu ne peut être autre chose qu'une quittance de vente de blé.

Le deuxième reçu est de 44,645 piastres et 1/8. Il est conçu non pour solde, mais seulement comme étant *à valoir* sur des ventes plus importantes.

Le troisième est de 30,522 piastres et demie. Il est également donné *comme à-compte* sur le prix de céréales vendues.

Ainsi dans ces trois années, 1262, 1263, 1264, il est démontré que le général Kereddin, l'un des agents tunisiens à Paris, avait vendu dans chacune de ces années une certaine quantité de grains au général Benaïad, dont les à-compte mentionnés forment seuls un capital d'environ 95,000 piastres, et les agents tunisiens affirment que le général Benaïad n'achetait ni orge ni blé.

Suivant les détails fournis par les dix-neuf registres et dont les extraits présentant le nom des vendeurs et les quantités achetées sont joints aux pièces, le général Benaïad a acheté ainsi à l'intérieur : blé. . . . . Caffis. 16,442

Ces achats à l'intérieur sont plus considérables, mais il n'a pas la totalité de ses livres. Il ne veut avancer que des faits certains, par conséquent il s'en tient à cette quantité.

Achat en association avec le kasnadar : blé. 10,000

TOTAL démontré des achats faits à l'intérieur. 26,442

La troisième nature d'achat consiste dans les céréales arrivées par mer à Tunis. Ces achats étaient de deux espèces. Des spéculateurs étrangers expédiaient à Tunis à des consignataires des cargaisons de céréales. Ces cargaisons étaient très-souvent achetées par le général Benaïad.

L'état joint aux pièces originales en fournit l'aperçu relevé sur les dix-neuf registres avec les noms soit des consignataires, soit des courtiers intermédiaires, soit des capitaines des navires porteurs des grains.

Lorsque ses besoins le lui commandaient, il donnait des ordres directement au lieu d'expédition, ou il y envoyait des agents pour exécuter ses achats. C'est ainsi qu'il a reçu des quantités de grains de Malte, d'Alexandrie, de Livourne, de Smyrne, de Tripoli, de Marseille, etc., etc.

Ses correspondants dans ces diverses localités pour ses ordres directs étaient, à Alexandrie, les maisons Daninos et Bader-Eddin; à Marseille, les maisons Daninos, Beaussier, etc.; à Livourne et à Smyrne, Daninos; à Malte, Jacomo Reggio, Santillana, Burzoni.

L'état ci-dessus désigné donne le détail des quantités expédiées par ces maisons pour le général Benaïad.

Celui-ci a encore envoyé comme agent pour exécuter ses achats le négociant de Djerbi Saïm à Alexandrie, et à Tripoli son cousin Saïd Benaïad.

Saïm traita pour les ordres qui lui étaient donnés avec le gouverneur d'Alexandrie lui-même, et la maison Pastré frères de Marseille, ayant une succursale à Alexandrie, lui fournit les fonds nécessaires à ses payements pour le compte du général Benaïad.

Maintenant ce dernier se demande comment il est possible que les agents tunisiens ou leur gouvernement puissent avoir l'assurance de nier ou de mettre en doute ces arrivages et ces achats par la voie maritime.

En effet, parmi ces cargaisons achetées à des maisons consignataires, il s'en trouve six qui ont été vendues directement au général Benaïad par M. Cézanne, et M. Cézanne est l'agent commercial de M. le comte Raffo.

Quant au gouvernement, les achats du général Benaïad à l'extérieur, et principalement à Alexandrie, lui sont d'autant plus connus, qu'il les a fait transporter à Tunis par ses propres bâtiments et par les équipages de l'État. Le tableau déjà mentionné indique le nom soit des navires, soit des capitaines attachés au service du gouvernement qui ont ainsi transporté d'Alexandrie ou d'ailleurs pour le compte du général Benaïad des cargaisons de céréales.

Établissons au surplus le résumé de ces achats venus par voie de mer :

28,192	caffis de Tunis.
19,465	ardebs d'Alexandrie.
1,015	hectolitres 1/4 de France.
3,751	sacs de Livourne.
8,307	kelos de Smyrne.

Plus : 246,146 piastres, prix de blé non indiqué en mesure sur les registres; sommes et valeurs diverses qui, dans leur ensemble, forment en achats de blés venus de l'extérieur par voie de mer, de 42 à 43,000 caffis.

Ajoutons que ce chiffre ne représente pas encore la totalité des cargaisons venues de l'étranger. Ainsi le général Benaïad n'y voit point figurer les quantités de blé qu'il a achetés à la maison George Burzoni de Malte, et dont deux cargaisons entre autres lui ont été livrées par l'intermédiaire de sir Thomas Read, consul général d'Angleterre à Tunis.

Résumons maintenant ces divers chiffres établis sur d'incontestables documents, des livres de caisse.

Blé provenant des rachats de la Rabta.	50,000 caffis.
Blé provenant des achats faits à l'intérieur.	26,000
Blé provenant de l'étranger ou des îles par la voie maritime.	42,000
Total.	118,000 caffis.

Dont 68,000 caffis en achats tant à l'extérieur qu'à l'intérieur, sans compter le complément notable des achats que néglige le général Benaïad pour n'en avoir pas actuellement la preuve.

A ces quantités il faudrait encore ajouter les récoltes faites sur les terres du général Benaïad, le produit de ses fermages à prix fixe, les bénéfices résultant de la rétribution annuelle qu'il payait au Bey pour le fermage de la Rabta, de l'Alfa et de la Koucha. Ces redevances s'élevaient à 300,000 piastres par an. Elles ont été payées pendant dix ans de 1259 à 68 inclusivement. Elles s'augmentent en outre de leur part proportionnelle dans les 580,000 piastres de supplément accordé pour ces trois fermages joints à ceux de Djerbi, Ouatan, les Métallit, etc. Toutes ces sommes réunies ne forment pas, pour les dix années, moins de 4,000,000 piastres. Cela fait donc de plus, au *minimum* et seulement pour que le général Benaïad rentrât dans ses débours, une autre somme de grains équivalente à 4,000,000 en espèces que le général Benaïad avait encore à sa disposition et dont sans doute on ne peut lui contester la légitime propriété.

La vérité, elle est que dans cette période de 1256 à 1268, le général Benaïad, tant par ses rachats à la Rabta, etc., que par ses achats directs soit au dedans, soit au dehors, a fait l'acquisition d'une quantité de blé que les évaluations les plus exiguës ne peuvent pas porter à moins de 150,000 caffis.

Il n'en a fourni au gouvernement que 85,000 en tout. Ses affaires, les agents tunisiens le savent aussi, n'étaient pas restreintes à ses fournitures. Il était l'une des plus grandes maisons commerciales de la régence. Si, quand il en avait besoin, il achetait du blé au pays, il lui en vendait à son tour quand le pays en manquait; dans ces circonstances, et pour combattre les disettes, il lui est arrivé plus d'une fois de faire venir de l'étranger des cargaisons de blé, et de les porter sur le marché au prix coûtant. Souvent aussi, en sa qualité de fermier, il s'entendait avec les contribuables pour leur laisser leurs grains quand ils y trouvaient avantage, et recevoir en argent la valeur de leur contribution en nature. C'était, dans ses livres et dans ses magasins, un immense et perpétuel mouvement d'entrées et de sorties, de ventes et d'achats journaliers, d'échange de blé contre argent, d'échange d'argent contre blé, et les dix-neuf registres produits sont les irrécusables témoins de cette activité et de ces opérations.

Le défi adressé par les agents tunisiens au général Benaïad, leur affirmation qu'ils ne pouvaient attribuer à une autre source que les vols les blés payés par les 27 millions de permis de sortie d'huile, étaient donc un défi de comédie, une affirmation sans sincérité. Le kasnadar avait acheté dans le pays 23,000 caffis de grains avec le général Benaïad; pendant trois ans de suite le général Kereddin avait vendu le blé de ses récoltes au général Benaïad; le comte Raffo, à la fois ministre et commerçant, avait vendu par sa maison de commerce plusieurs cargaisons venues par mer au général Benaïad; pour l'aider à transporter les blés achetés dans des ports africains, le gouvernement lui-même avait prêté ses navires et ses officiers au général Benaïad; — et cependant, dans leur ardeur sans scrupule à soutenir et colorer leur déplorable invention du compte Bahram, les agents tunisiens, au nom de leur gouvernement et en leur propre nom, écrivaient ces paroles :

« Si ces rendements (de Bahram) étaient exagérés, comme le prétend M. Benaïad, d'où aurait-

» il donc tiré ces quantités de blé qu'il a livrées à différentes reprises au gouvernement? *D'achats* » *qu'il aurait faits?* Ou, QUAND, ET A QUI? *Sur ce point, on est convaincu qu'une justification lui est* » *impossible.* » (*Redressement des questions*, p. 13.)

Un mot simplement sur les achats d'orge.

Après ce qui vient d'être dit des achats de blé, il n'est plus utile de s'appesantir sur cette seconde question. Le général Benaïad fait observer seulement que la plupart des circonstances qu'il a fait valoir à propos du blé s'appliquent naturellement à ses achats d'orge.

Le général Benaïad n'a pas le loisir de relever, par exemple, tous les teskerés d'orge tirés sur lui par le Bey, et qu'il a remboursés en argent. On comprend tout ce qu'un tel détail comporte en lui de temps et de recherches quand il s'agit d'aller chercher dans dix-neuf registres de caisse tous ces rachats mandat par mandat, jour par jour, nom par nom. Ce serait d'ailleurs un travail superflu; car, indépendamment de ces opérations, le général Benaïad peut justifier d'une quantité d'achats suffisante pour représenter les fournitures qu'il a faites au gouvernement. Seulement il affirme que les rachats ou remboursements des teskerés en espèces contre orge sont très-approximativement égaux aux rachats ou remboursements des teskerés contre blé. Il suffit donc de se rappeler que cet article pour le blé se monte à 50,000 caffis.

Quant aux achats d'orge, ils se sont partagés aussi entre l'extérieur et l'intérieur. Sans entrer ici dans des détails fastidieux, le général Benaïad prend la liberté de renvoyer la Commission au second tableau joint aux pièces originales qui lui sont demandées. Il fournit l'état de ses achats, états formés toujours d'après les dix-neuf registres de caisse. Il en résulte que de 1256 à 1268, le général Benaïad a acheté :

A l'intérieur.	61,000 caffis.
A l'extérieur.	24,000
TOTAL.	85,000 caffis,

sans compter les 40 à 50,000 caffis provenant des rachats dont il a été parlé et les quantités qui, dans cette recherche hâtive, échappent à la rapide revue du général Benaïad.

En réalité, le général Benaïad affirme avoir acheté ou racheté de 140 à 150,000 caffis d'orge dans la période s'étendant entre 1256 et 1268. La réalité, elle est que dans cet espace de temps il a acheté plus de 300,000 caffis soit en blé, soit en orge; mais comme il lui suffit de se renfermer dans les faits pour lesquels il a la preuve actuelle en main, il peut se contenter de s'en tenir aux chiffres justifiés dans ses deux états mentionnés : 118,000 caffis de blé et 85,000 caffis d'orge.

Au surplus, si le gouvernement tunisien veut contester, il possède un moyen aussi simple qu'efficace de confondre le général Benaïad. Celui-ci l'a déjà dit, ses livres de la Rabta contiennent tous les détails de ses opérations et d'achat et de rachat, soit à l'extérieur, soit à l'intérieur; le gouvernement tunisien s'en est saisi. Pourquoi les tient-il sous le boisseau? Pourquoi ne s'en arme-t-il pas? Le général Benaïad les invoque, les réclame, et le gouvernement tunisien, ce semble, ne peut ni les lui refuser ni les cacher plus longtemps à la Commission, sans compromettre sa loyauté et sans se condamner lui-même. C'est toujours en France une fâcheuse et difficile situation que celle d'un débiteur qui prétend se dérober à ses quittances et à ses signatures, et qui ne paye pas sous prétexte qu'il a été ou surpris ou trompé. On sait ce qu'habituellement de semblables prétextes veulent dire, et le discernement de la justice française n'en est pas dupe. Mais ici les faits sont bien plus tristes et bien plus suspects. C'est un gouvernement se croyant tout-puissant contre un simple particulier, qui prétend se soustraire à ses obligations, qui ne veut point les reconnaître, qui, en même temps, s'empare par la force des livres et des comptes de son créancier, et qui, après

l'avoir ainsi dépouillé de ses moyens de défense, lui dit : « Ma signature et mes engagements, je
» proteste contre eux. Vos livres et vos preuves, je m'en suis emparé par la force; maintenant prou-
» vez, si vous pouvez, la réalité de votre créance. J'ai vos livres, et je les garde. Il ne vous reste plus
» que ma signature, je la déserte. Ma parole équivaut à la suppression de vos titres, tandis que ma
» violence m'assure la suppression de vos autres preuves. Quant à moi, je n'ai rien à prouver. Je
» nie, je séquestre, et tout est fini. »

Le général Benaïad est certain que ce n'est là ni la justice, ni le droit, ni la probité tels que l'entendent la loi et la civilisation françaises.

Avant de terminer, le général Benaïad ne peut pas se dispenser de repousser encore une grave calomnie, une insinuation déplorable par laquelle les agents tunisiens essayent à la fois d'atteindre son honneur et la mémoire de son père. Ils demandent compte au général Benaïad de sa fortune ; ils lui demandent où il l'a acquise ; ils le présentent comme une sorte d'aventurier sinon sans famille, au moins d'une famille tombée dans l'insolvabilité, et n'arrivant lui-même à l'opulence que par la fraude et la concussion.

Selon eux Benaïad père était pauvre, Benaïad fils est riche : donc sa fortune provient des rapines dont il s'est engraissé aux dépens du gouvernement tunisien.

C'est donc là une raison. Tout homme qui, au service du gouvernement de Tunis, s'est enrichi sans avoir une fortune patrimoniale, n'a pu parvenir à la fortune que par des moyens illégitimes et honteux. Le général Benaïad ne veut pas récriminer, mais il veut se défendre. Il demande à M. le comte Raffo d'où il venait quand il débarqua à Tunis, quel il était et où était la fortune de ses pères? M. le comte Raffo est aujourd'hui plusieurs fois millionnaire. Il a débuté à Tunis, et on le dit ici à l'honneur de son intelligence, dans les services les plus humbles. Si le général Benaïad doit rendre compte de ses millions, pourquoi M. le comte Raffo ne rendrait-il pas compte des siens, et s'il est impossible de s'enrichir sans dol et sans vol au service du gouvernement de Tunis, que M. le comte Raffo daigne présenter lui-même le bilan de ses héritages et des richesses que lui ont laissées ses aïeux !

Nous en dirons autant de M. le général Kereddin. Il est arrivé à Tunis n'ayant aucune espèce de propriété, pas même celle de sa personne. Lui aussi il nage aujourd'hui dans l'opulence. Nous permettra-t-il de lui dire qu'il est la preuve qu'on peut s'enrichir au service du gouvernement de Tunis sans être un voleur ni un concussionnaire?

Eh bien, le général Benaïad possède un désavantage envers ses calomniateurs. Il a le malheur de ne devoir ni toute sa fortune, ni toute sa position à lui-même. Il en doit une grande partie à l'importance, à la large existence de sa famille avant lui. Tout le monde le sait à Tunis, la famille Benaïad est une des plus considérables de la contrée. Elle a longtemps possédé héréditairement le gouvernement de l'île de Djerbi. Elle a toujours figuré parmi les grandes maisons de la régence. Il y est de notoriété publique que la mère du général Benaïad était une des plus opulentes personnes de la Tunisie. Quant à Mohammed Benaïad, dont on fait une sorte de failli, le général Benaïad, suivant son usage, a sa réfutation prête contre les agents tunisiens, et cette réfutation, ils sont condamnés à s'incliner devant elle; c'est un démenti que leur donne la plume et l'écrit du kasnadar.

Voici la lettre que ce premier ministre adressait à Mahmoud Benaïad le 13 keda 1256 :

« Nous nous sommes informé de vos affaires, et nous désirons vivement qu'elles marchent au
» gré de vos désirs.

» Pour nous, grâce aux bontés magnifiques de notre Maître et Seigneur, nous sommes comblé

» de faveurs abondantes et en bonne santé; notre cœur vous désire, et nos yeux se tournent vers » vous. Jusqu'à présent, nous n'avons reçu de vous ni lettre ni nouvelle.

» Je dois vous informer que votre vénérable père sid Mohammed Benaïad *a fait une action remar-* » *quable*, et dont il n'y a pas d'exemple. *Cette action annonce une âme grande et généreuse, et l'élève* » *au-dessus des autres hommes. Il a offert en don un bateau à vapeur à notre magnifique Maître et* » *Seigneur*, qui, s'étant rendu aujourd'hui à Halk-el-Ouad, est monté à bord dudit vapeur où il a » arboré son drapeau victorieux.

» Ce présent a fait un très-grand plaisir à Son Altesse; *elle est dans l'enchantement de voir que,* » *parmi les gens de sa suite, il y a quelqu'un capable de lui faire un pareil don. Votre famille a acquis* » *par là une très-grande considération.* Dieu veuille qu'un jour il vous soit tenu compte à vous-même » d'une pareille générosité, et que vous obteniez au service de notre Maître tout ce que vous » pouvez désirer.

» Écrit le 13 keda 1256.

» *Signé* : MOUSTAPHA KASNADAR. »

Mohammed Benaïad avait en effet fait hommage à son maître d'un navire à vapeur qui lui avait coûté 500,000 francs; et, ce qui rehaussait la valeur de l'hommage, c'était le premier bâtiment de ce genre qu'ait possédé la marine tunisienne.

Certes des attentions de cette espèce sont interdites aux gens ruinés, et on voit que le Bey lui-même en tirait vanité, en ce sens qu'il était fier de voir attachés à sa personne des serviteurs capables de soutenir d'aussi somptueux sacrifices. « C'était là un trait sans exemple. C'était le dernier sceau à la considération de la famille. »

Qu'est-il donc arrivé depuis? Mohammed Benaïad est entré cette même année 1256 dans la direction de la Rabta... Sa fortune à cette époque, on ne la niera plus sans doute. S'il l'a perdue, ce serait donc dans cette même entreprise où l'on dit que le fils s'est enrichi sous le nom emprunté de son père? Ne faudrait-il pas au moins se mettre un peu d'accord avec soi-même? Et aujourd'hui, après les événements qu'on connaît, après tant de persécutions où tous les moyens paraissent bons à la haine, n'y a-t-il pas quelque chose de mélancolique dans ces paroles adressées au général Benaïad par le principal instrument de ce gouvernement, alors comme aujourd'hui : « Dieu » veuille qu'un jour il vous soit tenu compte à vous-même d'une pareille générosité. »

On sait comment le fils en est récompensé; voyons comment le fut le père.

Les agents tunisiens ont raconté que pour se soustraire à une dette de 330,000 piastres qu'il lui était impossible d'acquitter, Mohammed Benaïad fut réduit à aller chercher un refuge, comme une sorte d'asile ouvert à la faillite, dans le consulat d'Angleterre. Il y a lieu de s'étonner encore que les agents tunisiens aient l'imprudence de réveiller ce souvenir, qui se rattache à l'un des scandales du procès que la Commission doit juger. Il faut donc raconter cette histoire :

Cinq ans après le don du bateau à vapeur, Mohammed Benaïad monté au faîte de la faveur reçut pour la France à la fois une haute mission diplomatique et une haute mission de confiance. Envoyé extraordinaire du Bey auprès du roi des Français, il fut en même temps chargé de contracter un emprunt de 20 millions pour le prince, et de lui acheter pour 2 millions de bijoux à Paris. L'une de ces affaires était beaucoup plus facile que l'autre. Il échoua dans la première. Il n'eut pas de peine à remplir la seconde. Il acheta les bijoux commandés à la maison Halphen et à la maison Moyena. Mais le Bey, à ce qu'il paraît, avait compté sur l'emprunt pour payer les diamants. L'emprunteur ayant échoué, il désavoua l'acheteur. Cependant les maisons parisiennes pressaient pour leur payement. De vives réclamations furent élevées par Mohammed auprès du gouvernement tunisien, et ce fut non pour se soustraire aux poursuites de ses créanciers, mais aux actes sommaires d'un gouvernement absolu qu'il alla se placer sous l'abri du pavillon britannique. Quant aux 2 millions, prix des diamants, à défaut du père qui résistait, on obligea le fils à en payer le prix aux marchands français, et en conséquence les diamants lui restèrent.

Voilà maintenant la partie à la fois la plus édifiante et la plus curieuse de cet épisode. Ces mêmes diamants, achetés par l'ordre du Bey, puis laissés par lui à la charge de Benaïad père, et payés par Benaïad fils sous le poids d'une action coercitive, sont ceux qui, laissés de confiance entre les mains du Kasnadar, ont été emportés à Paris et vendus à M. Halphen par le général Kereddin, afin de subvenir aux frais de la mission ayant pour objet d'annuler les créances et de repousser les réclamations de Mahmoud Benaïad. Ce sont ces mêmes diamants que Mahmoud Benaïad réclamait devant le gouvernement français et devant la justice française contre les agents tunisiens, et à propos desquels ils cherchaient à se retrancher derrière les immunités diplomatiques. Ce sont ces mêmes diamants qui sont encore aujourd'hui sous le séquestre légal, au nom d'un jugement du tribunal civil de la Seine. En vérité, le général Benaïad n'avait-il pas tout à l'heure raison de s'étonner que les agents tunisiens eussent le courage malheureux de réveiller une telle affaire.

Pour en finir, le général Benaïad répond encore une fois aux agents tunisiens qu'il provoque, et défie toutes les investigations sur sa fortune. Ils ont ses livres, ils connaissent ses affaires. Qu'en ont-ils tiré? Pas un mot, pas un fait. Chacune de leurs imputations brille par l'absence complète de toute justification, de toute pièce qui l'établisse. C'est un tissu d'affirmations, dont toute la force n'est fondée que sur la crédulité présumée de l'auditeur. Autant le général Benaïad s'est appliqué à attacher un titre ou une pièce à chacune de ses réclamations, à chacune de ses réfutations, autant les agents tunisiens se sont abstenus avec soin de tout ce qui pouvait ressembler à une preuve sérieuse et authentique. Le général Benaïad a beau leur prodiguer ses documents, jusqu'ici ils se sont montrés pour les leurs d'une parcimonie sans égale. Il l'a dit, il le répète; sa fortune, il est prêt à en rendre compte. Le gouvernement tunisien peut la lire jour par jour, piastre par piastre dans les livres qu'il lui a confisqués. Cette fortune, il la doit à sa famille, il la doit à son patrimoine, il la doit aussi à son travail, et c'est la partie dont il est le plus fier; il était déjà riche et puissant, lorsque ceux qui le calomnient aujourd'hui étaient pauvres eux-mêmes et obscurs.

Le gouvernement tunisien vient en ce moment même de se permettre un acte qui nous paraît toucher à ce qu'il y a de plus essentiel dans les droits et l'autorité judiciaire de l'auguste arbitre qu'il a choisi. Il vient de nouveau de s'emparer des immenses propriétés territoriales possédées par le général Benaïad, sous le prétexte qu'elles étaient revendiquées par un cohéritier (on lui a bien inventé Bahram!) et, par mesure provisoire, on dépouille de sa propriété un sujet français pour en investir sans forme et sans scrupule un prétendant tunisien. A la bonne heure; mais, si le général Benaïad a eu pour héritage les 10 ou 15 millions de propriétés immobilières qu'il possède dans l'État de Tunis, que du moins on n'ait pas en même temps l'inconséquence de raconter qu'il n'a rien reçu de ses pères et qu'il a tout volé!

Cependant, il l'espère, il touche au but. Après tant de variations dans leurs moyens, il ne sera sans doute plus permis aux agents tunisiens de varier encore. Dès lors le général regarde la discussion comme close. La Commission sera munie des pièces. Elle connaît le débat, elle a étudié les nombreux écrits des deux parties. Il semble qu'il ne lui reste plus qu'une épreuve à ordonner : que les intéressés discutent devant elle, à front découvert. Que la vérité se montre sous ses yeux, à l'accent, au visage, à la contradiction orale. S'il restait encore quelque nuage sur quelque point spécial dans l'esprit de quelques-uns de ses membres, le général Benaïad est convaincu que cette dernière épreuve achèverait de les dissiper. Plein, au surplus, d'une confiance absolue dans la gravité des hommes investis par le chef de la nation de la mission de représenter à la fois et d'éclairer sa justice, il attend leur décision avec respect et sans crainte. Il sait qu'ils jugeront en leur âme et conscience, et il sait que leur conscience est guidée par de hautes lumières.

Le Général MAHMOUD BENAÏAD.

Paris, le 29 septembre 1855.

PIÈCES JUSTIFICATIVES.

PIÈCES JUSTIFICATIVES.

NOTA. — L'original arabe de toutes les pièces justificatives ci-après, nos 1 à 20, est remis à la Commission.

Pièce justificative n° 1.

Lettre du kasnadar demandant au général Benaïad ses comptes de blé avec leurs détails.

LOUANGE A DIEU!

Illustre et vénérable sid Mahmoud Benaïad, que la paix et la miséricorde de Dieu soient avec vous!

Nous vous avons recommandé de nous apporter le compte du froment, apportez-nous aussi le compte de l'orge et les détails journaliers qui s'y rattachent.

Écrit le 21 djoumad-el-aoual 1262.

Signé : MOUSTAPHA, kasnadar.

Pièce justificative n° 2.

Extrait d'une lettre du vizir de la Régence, Moustapha, kasnadar, au général Mahmoud Benaïad, relative à l'achat du blé et à son prix.

LOUANGE A DIEU!

Illustre et très-cher sid Mahmoud Benaïad, que Dieu vous protége, et que la paix soit avec vous!

Nous avons reçu et compris votre lettre. Notre maître vous ordonne de venir demain, sans faute, auprès de lui, au Bardo; et nous nous entretiendrons alors avec vous au sujet du prix du froment et de l'orge. Quant à présent, il n'est pas possible de vous répondre là-dessus.

Écrit le 27 djoumad-el-aoual 1262.

Signé : MOUSTAPHA, kasnadar.

Pièce justificative n° 3.

Lettre adressée par le général Benaïad au général Moustapha, kasnadar, pour presser le règlement de son compte de blé; et réponse du kasnadar.

LOUANGE A DIEU!

Nous rappelons à Votre Seigneurie qu'il est temps de terminer notre compte, car, comme vous le savez, il nous reste à régler le complément dudit compte. Vous savez aussi que nous sommes sur le point de partir, et qu'il faut que tous nos comptes soient terminés. Nous prions donc Votre Excellence, sans lui en imposer l'ordre, de les terminer. Que Dieu vous protége! Rendez-nous réponse, et que la paix soit avec vous!

Signé : MAHMOUD BENAIAD.

Que la paix et la miséricorde de Dieu soient aussi avec vous! Vos lettres nous sont parvenues, et nous les avons présentées à Son Altesse. Votre compte sera bientôt terminé, s'il plaît à Dieu.

Écrit le 25 redjeb 1264.

Signé : MOUSTAPHA, kasnadar.

Pièce justificative n° 4.

LOUANGE A DIEU!

Illustre et très-cher sid Mahmoud Benaïad, que Dieu vous protége!

Nous avons parlé à notre Maître et Seigneur au sujet du taux du blé. Son Altesse a répondu que le prix du froment doit être fixé à sept piastres l'ouibe seulement; elle a insisté pour que le taux fût de sept piastres l'ouibe, en disant qu'à ce prix vous auriez encore du bénéfice.

Faites donc savoir votre intention à cet égard, et ce qu'il faut dire au Souverain.

Écrit le 19 djoumad-el-tani 1266.

Signé : Le vizir de la régence, général MOUSTAPHA, kasnadar.

Pièce justificative n° 5.

Amra nommant Benaïad père directeur de la Rabta et lui imposant les mêmes conditions qu'à ses prédécesseurs.

LOUANGE A DIEU!

A tous ceux qui auront connaissance de notre présente ordonnance, gouverneurs, agas, caïds, agents diplomatiques, préfets, sous-préfets, tous fonctionnaires publics et sujets,

Faisons savoir que nous avons nommé notre respectable fils Mohammed Benaïad directeur de l'entrepôt de blé du gouvernement (Rabta), à partir du mercredi 13 de redjeb, se rapportant au 28 août de l'ère chrétienne de la présente année.

Il percevra et livrera également les blés du gouvernement, et nous lui avons imposé de se conformer aux conditions de tous les directeurs en toute chose. Nous recommandons qu'on le respecte et l'honore, afin qu'il n'éprouve ni peine ni contrariété, et qu'il ne soit pas traité de la même manière que les simples particuliers.

Tous ceux qui auront connaissance de notre présente ordonnance devront s'y conformer.

Écrit le 13 redjeb 1256.

Signé : AHMED, Pacha-Bey.

Pièce justificative n° 6.

Amra nommant Benaïad père directeur de l'Alfa et lui imposant les mêmes conditions qu'aux autres directeurs de l'Alfa.

LOUANGE A DIEU!

A tous ceux qui auront connaissance de notre présente ordonnance, gouverneurs, agas, caïds, agents diplomatiques, préfets, directeurs, fermiers, tous fonctionnaires publics et sujets,

Faisons savoir que nous avons nommé notre fidèle fils Mohammed Benaïad directeur de l'Alfa (entrepôt de fourrage), à partir du mercredi 13 de redjeb, se rapportant au 28 août de l'ère chrétienne de la présente année.

Nous lui avons imposé de se conformer aux conditions de tous les autres directeurs de l'Alfa. Nous recommandons qu'on le respecte et l'honore, afin qu'il n'éprouve ni peine ni contrariété, et qu'il ne soit pas traité comme le sont les simples particuliers.

Tous ceux qui auront connaissance de notre présente ordonnance devront s'y conformer.

Écrit le 13 redjeb 1256.

Signé : AHMED, Pacha-Bey.

Pièce justificative n° 7.

Teskeré du Bey relatif à la reconnaissance de l'erreur commise par le Bach-cateb sur le compte de la Koucha par laquelle il était réclamé à Mahmoud Benaïad des rendements supérieurs à ceux de Bahrini.

LOUANGE A DIEU!

Nous avons réglé avec notre cher fils Mahmoud Benaïad, général de brigade et directeur de la boulangerie du Bardo, le compte de ses livraisons de pain de toute espèce qui a été fabriqué dans ladite boulangerie, ainsi que le compte des biscuits, des galettes, de la semoule et du couscoussou.

La totalité de ses livraisons est de 9,220 caffis, 13 ouébas et 7 saâs de froment; et cela pendant trois années, finissant au mois de redjeb 1264, comme cela est inscrit dans son compte sur le registre, conformément à l'ordre que nous avons donné concernant le mode de régler ce compte que nous avons revêtu de notre signature.

Cette quantité a été portée à son avoir dans les livraisons de la Rabta, dont le compte a été réglé pour un an et demi, et finissant en djoumad-el-tani 1264.

Le 23 ramadan 1265.

Signé : AHMED, Pacha-Bey.

Pièce justificative n° 8.

Teskeré ayant pour objet de redresser la même erreur pour les comptes de la Rabta.

LOUANGE A DIEU!

Nous avons réglé avec notre cher fils le général Mahmoud Benaïad, directeur de la Rabta, le compte de ses perceptions et de ses livraisons pendant un an et six mois, finissant au mois de djoumad-el-tani 1264.

La totalité de ses recettes est de 42,401 caffis, 7 ouébas et 9 saâs de froment, et ses livraisons s'élevant à 32,210 caffis 3/4, et 9 saâs 1/2 de froment. Il reste donc entre ses mains 10,190 caffis, 10 ouébas et 11 saâs 1/2, comme cela est inscrit dans son compte sur le registre de la Rabta, conformément à l'ordre que nous avons donné concernant le mode de régler ce compte, que nous avons revêtu de notre signature, pour le total des recettes et pour celui des livraisons.

Le 23 ramadan 1265.

Signé : AHMED, Pacha-Bey.

Pièce justificative n° 9.

Lettre du kasnadar à Hamida Benaïad pour lui ordonner de transporter tous les livres de la Rabta dans cet établissement.

LOUANGE A DIEU!

Que Dieu protége l'illustre Hamida Benaïad! Par rapport aux arriérés qui sont portés sur les registres des dîmes et dont la perception se fait par votre entremise, il est urgent de les faire rentrer à la Rabta. Envoyez à cet entrepôt tous les registres sans exception; envoyez également pour opérer les perceptions votre représentant, votre frère Sid Aly, ou bien tout autre qui ait votre confiance.

Lorsqu'il recevra le blé, il le versera, mesure marchande, au directeur, le général Farhat. Quant à l'argent, lorsqu'il y aura une certaine somme à la caisse, nous vous écrirons pour que vous la versiez aux mains du colonel Sid Saïd Ben Abid. Et il faut que rien ne soit perçu de ces arriérés dans votre maison, et que nulle recette ne s'effectue sans que ce soit dans la Rabta, qui est spécialement destinée à cette opération.

Je vous salue.

Écrit le 25 redjeb 1269.

Signé : LE KASNADAR.

Pièce justificative n° 10.

Teskeré du Bey portant concession et confirmation de divers fermages à Mahmoud Benaïad, entre autres de ceux de la Rabta, de l'Alfa et de la Koucha, et déclarant que ledit Benaïad a réglé comme Bahram, Bahrini, etc.

LOUANGE A DIEU!

Sommes payées au gouvernement.

	Piastres.
Fermage au droit du quart de Djerbi pour l'année 1259, commençant au mois de moharem.	200,000
Idem pour l'année 1260.	200,000
Idem pour l'année 1261.	200,000
Fermage de Métallit pour l'année 1258.	200,000
Idem 1259.	100,000
Idem 1260.	100,000
Fermage d'Ouatan pour 1259.	100,000
Idem 1260.	100,000
Idem 1261.	100,000
Droit de saâ d'Ouatan pour l'année 1259.	150,000
Idem 1260.	65,000
Idem 1261.	80,000
A ajouter le fermage de la douane de Djerbi pour trois ans.	36,000
TOTAL.	1,631,000

Sommes dues au gouvernement, et qui ont été portées en date du 17 chaoual 1262.

		Piastres.
Argent de Djerbi pour un an, commençant au 1er moharem 1259, se rapportant au 18 janvier		130,000
Idem pour l'année 1260.		130,000
Idem pour l'année 1261.		130,000
		390,000
L'Ouatan pour l'année 1259, commençant au 1er chaban, se rapportant au 23 septembre		300,000
Idem pour l'année 1260.		300,000
Idem pour l'année 1261.		300,000
		1,290,000
Sur les Métallit pour trois années, commençant au 28 chaban 1258		150,000
Sur la Rabta, l'Alfa, la Koucha du Bardo pour trois années, commençant au 28 août 1259.		300,000
Supplément sur les susdits endroits. . .		540,000
TOTAL.		2,280,000
A déduire, savoir :		
Pour solde du gouverneur de Djerbi et du caïd pour trois ans	84,000	
Pour solde du gouverneur d'Ouatan pour trois ans, et celui du caïd si la dîme est établie en argent, autrement le caïd ne recevra pas de solde	210,000	
A déduire également le montant des payements détaillés dans les treize articles ci-contre.	1,631,000	
		1,925,000
IL RESTE		355,000

LOUANGE A DIEU!

Notre présente ordonnance est entre les mains de notre fils le colonel Mahmoud Benaïad, lequel a affermé les revenus de Djerbi et la dîme de ses huiles et l'impôt de ses saâs, ainsi que la dîme de ses grains, pour la durée des trois années ci-dessus indiquées, moyennant cent trente mille piastres par an, y compris l'affermage de la douane de Djerbi.

Quant à l'Ouatan-el-Kebli qu'il a affermé de nous pendant les susdites trois années, si nous ne décidons que la dîme des oliviers de cette localité sera payée en argent, ainsi que cela a lieu dans le Sahel, il la recevra pendant ledit temps en olives; il fera payer l'impôt sur les bestiaux et la dîme des grains comme par le passé; il fournira aux forts l'approvisionnement de bouche, comme à l'ordinaire, ni plus ni moins; et si nous décidons que la dîme ne doit pas être payée en argent, il percevra la dîme des huiles et l'impôt des saâs, ainsi que tout ce qu'on percevait d'après l'ancien usage, et ce fermage lui est fait moyennant la somme de trois cent mille piastres par an, durant les trois années ci-dessus énoncées.

Le colonel Mahmoud Benaïad a affermé de nous la caïterie (gouvernement) de Métallit, la dîme des oliviers de cette localité, l'impôt des saâs, la dîme de ses grains et celle des oliviers de l'État qui s'y trouvent, pour la durée des trois années ci-dessus mentionnées, moyennant la somme de cinquante mille piastres pour chaque année.

Le colonel Benaïad ayant encore affermé de nous la Rabta, l'Alfa et la Koucha du Bardo pour les trois susdites années, moyennant cent mille piastres par an, il est tenu de se conformer, quant à la recette et aux livraisons des grains, au règlement de Bahram, en ce qui concerne la Rabta et au règlement de Ben-Abbas pour l'Alfa; enfin au règlement de Hassan-Bahrini pour la boulangerie, ni plus ni moins; et nous avons déjà réglé avec lui lesdits affermages pour les trois années ci-haut mentionnées, conformément à ce qui vient d'être dit et écrit.

Tout compte fait, le total des sommes à la charge de Mahmoud Benaïad pour les affermages, y compris la somme portée en supplément, et après déduction de la somme allouée à la maison du gouvernement de Djerbi et de celle de la douane de Djerbi, de la somme allouée à la maison du Pacha dans l'Ouatan, ainsi que des appointements du caïd de Djerbi pour les trois susdites années, ce total, après ces diverses déductions, est de un million neuf cent quatre-vingt-six mille piastres, comme cela est porté en détail dans les articles ci-dessus mentionnés à droite.

Le total des sommes qu'il a payées, comme cela est démontré par les articles ci-dessus mentionnés (à gauche), étant de un million six cent trente et un mille piastres, la somme qui nous reste due par lui, après déduction du payement qu'il a effectué, est de trois cent cinquante-cinq mille piastres, qu'il a soldées entièrement et dont il est quitte.

Nous lui avons renouvelé l'affermage des susdits endroits aux mêmes conditions et aux mêmes dates ci-haut mentionnées, pour trois autres années, en partant des époques pareillement spécifiées.

Écrit le 28 chaoual 1262.

Signé : AHMED, Pacha-Bey.

Je certifie que cette traduction est entièrement conforme à la pièce arabe qui m'a été présentée, portant la date du 28 chaoual de l'année 1262, et que j'ai signée.

Paris, le 20 septembre 1855.

Signé : DESGRANGES,

Premier secrétaire interprète de l'Empereur.

Pièce justificative n° 11.

COMPTE RÉGLANT LES VERSEMENTS ET LES RECETTES DE BLÉ DE MOHAMMED BENAÏAD POUR LES ANNÉES 1256, 1257, 1258 ET 1259.

COMPTE A.

Traduction du registre du père du général Benaïad concernant le compte de la recette du blé.

1. —	Dîmes de Mater, pour l'été 1256	800	»	»
2. —	*Idem*, pour l'année 1257	915	10	»
3. —	*Idem*, pour l'année 1258	1,138	2	5
4. —	*Idem*, pour l'année 1259	1,253	6	4
	TOTAL	4,107	2	9
5. —	Dîmes des terres dites autrefois dîmes de Dzemma, dans la province de Mater, pour l'année 1257	406	10	»
6. —	*Idem*, pour l'année 1258	442	3	10
7. —	*Idem*, pour l'année 1259	469	9	3
	TOTAL	5,435	9	10
8. —	Dîmes dites de Dzemma, de la province de Baja, pour l'année 1257	1,206	4	»
9. —	*Idem*, pour l'année 1258	1,205	»	6
10. —	*Idem*, pour l'année 1259	1,204	1	»
	TOTAL	6,050	15	4
11. —	Dîmes de la grande Province, pour l'année 1256	429	6	»
12. —	*Idem*, pour l'année 1257	655	4	2
13. —	*Idem*, pour l'année 1258	663	1	4
14. —	*Idem*, pour l'année 1259	717	»	1
	TOTAL	8,515	12	11
15. —	Dîmes dites Dockamia de Tunis, pour l'année 1257	299	13	»
16. —	*Idem*, pour l'année 1258	309	6	9
17. —	*Idem*, pour l'année 1259	244	3	»
	TOTAL	9,369	2	4
18. —	Dîmes autrefois dites Dzemma de la grande Province			
	Dîmes des villages de l'Andalousie			
	Dîmes Arcoub-el-Kourchoff			
	Dîmes Sidi-Abdallah			

No.		Désignation			
19.	—	Dîmes de Gar-el-Meleh, pour l'année 1257 (ces 5 dîmes ensemble).	1,583	10	»
20.	—	*Idem*, pour l'année 1258.	1,462	»	2
21.	—	*Idem*, pour l'année 1259.	1,656	15	1
22.	—	Dîmes autrefois dites de Bizerte, pour l'année 1257.	9	8	7
23.	—	Dîmes des terres de Bizerte, pour l'année 1257.	36	»	10
24.	—	Dîmes dites de Touboursouk, pour l'année 1257.	269	9	9
25.	—	*Idem*, pour l'année 1258.	166	1	1
26.	—	*Idem*, pour l'année 1259.	83	9	9
		TOTAL.	14,656	8	9
27.	—	Dîmes, autrefois de Dzemma, de la province d'El-Ouatan-el-Kebli, pour l'année 1257.	747	9	3
28.	—	*Idem*. pour l'année 1258.	707	2	»
29.	—	*Idem*, pour l'année 1259.	643	12	3
30.	—	1/4 de boni sur tous les caffis de blé reçu, moins cependant pour ce qui regarde *Mater*, à cause que ceux qui ont mesuré ont tenu compte de ce quart en le notant dans le livre.	2,666	1	9
		TOTAL.	19,431	2	»
31.	—	Les fermages de la terre (Hannacher), pour l'année 1256	1,700	»	»
32.	—	*Idem*, pour l'année 1257.	1,701	4	»
33.	—	*Idem*, pour l'année 1258.	2,000	»	»
34.	—	*Idem*, pour l'année 1259.	2,000	»	»
		TOTAL.	26,832	6	»
35.	—	Le reste des fermages des terres de Mahomed-ben-Saëd de l'année 1240 jusqu'à 1242.	354	15	1 1/2
36.	—	Arriéré sur les fermages des terres par Bahram, commençant à l'été de 1245 et finissant à l'été de 1255 inclusivement.	1,119	10	»
37.	—	Le reste de la dîme de Bahrini, des dîmes de Mater, année 1254 jusqu'à 1255 inclusivement, avec le quart de boni.	162	13	»
38.	—	Le reste de la dîme de la grande province de Bahrini, années 1254, 1255, avec le quart de boni.	117	6	»
39.	—	Dîmes, dites de Dzemma, de toutes les provinces, année 1256	1,729	6	1 3/4
		TOTAL.	30,326	3	9 1/4
40.	—	Le reste d'Ismaïl et Bahram, directeur des dîmes de Dzemma, année 1246 jusqu'à 1255.	1,955	7	10 1/4
41.	—	Reçu farine.	152	7	10
42.	—	Fermages des dîmes des provinces du Sahel, année 1258.	3,000	»	»
43.	—	Fermages, même province, année 1259.	900	»	»
44.	—	Reçu du gouverneur de Baja pour l'année 1256.	831	12	1
45.	—	*Idem*, pour l'année 1257.	1,451	»	8
46.	—	*Idem*, pour l'année 1258.	808	8	4
47.	—	Reçu d'Aly-Ben-Saci, gouverneur de Baja, pour l'année 1256.	200	»	»
		TOTAL.	39,625	7	»

	Report.	39,625	7	» 1/2
48. —	Boni sur les versements provenant de la mesure rase et de celle moyenne dite chachia ou calotte, à raison de 2 pour 10, c'est-à-dire 20 pour 100.	1,738	»	»
	Total.	41,363	7	» 1/2

49. — Les dîmes de Bizerte des années 1258 et 1259 n'entrent pas dans ce compte.
50. — Les dîmes de Baja de l'année 1259 n'entrent pas non plus dans ce compte.

Les versements de blé portés article par article sur le registre se divisent ainsi qu'il suit :

51. —	Le total des teskerés des versements, mesure marchande, est de. . . .	20,403	4	6 1/2
52. —	Le total du blé versé, mesure rase, est de.	5,735	10	7 1/4
53. —	Le total du blé versé, mesure moyenne (chachia), est de.	2,953	6	6
		29,092	5	7 3/4
54. —	Blé versé à la tribu dite Hemamma.	17	2	»
55. —	*Idem* au cheik El Djebel et de Zoui, pour quatre ans	300	»	»
56. —	Ses versements à la boulangerie du Bardo, aux mêmes conditions du compte de Bahrini, composant le pain et autre.	6,477	»	»
		35,886	7	7 3/4
	A déduire le montant du teskeré pour la tribu de Hemamma.	17	2	»
		35,869	5	7 3/4
	Le reste entre ses mains est de.	5,493	12	10 1/2
	Total.	41,363	2	6 1/4

Voici la traduction du teskeré du Bey réglant ce compte :

Règlement du compte de blé du colonel Mohammed Benaïad pour les années 1256, 57, 58 et 59.

LOUANGE A DIEU!

Nous déclarons dans notre quittance présente, qui est entre les mains de notre noble et fidèle fils, le colonel Mohammed Benaïad, directeur de l'entrepôt de blé (Rabta), que nous avons réglé notre compte avec lui pour tout le froment qu'il a reçu pendant quatre ans, commençant à l'été de l'an 1256 et finissant après l'été de 1259, ainsi que pour toutes les livraisons qu'il a effectuées pendant trois ans et deux mois, à partir de redjeb 1256 jusqu'à la fin du mois de chaban 1259. Tout compte fait, il reste débiteur de 5,493 caffis, 3 ouébas et 10 saâs et demi, y compris les arriérés sur divers contribuables. Ainsi, nous le déclarons entièrement libéré de ce compte, à l'exception de 5,493 caffis, ci-dessus détaillés, et l'affermage de la dîme de Bizerte pour deux ans, 1258, 1259, qui ne sont pas entrés dans ce compte, plus le revenu, pour l'année 1259, du local appelé Geninat Baja. Ces deux articles n'ont été réglés ni pour les perceptions, ni pour les livraisons, comme cela est exactement spécifié sur notre registre, article par article.

En date de moharem 1260.

Signé : AHMED, Pacha-Bey.

Pièce justificative n° 12.

COMPTE RÉGLANT LES VERSEMENTS ET LES RECETTES DE BLÉ DE MOHAMMED BENAÏAD POUR LES ANNÉES 1260 ET 1261.

COMPTE B.

Traduction du registre du père du général Benaïad.

Recette d'après le registre revêtu du sceau.

			Cafis.	Oueb.	Saâs.
1.	—	Dîmes de Mater pour l'année 1260, avec l'augmentation de 1/4 pour caffis.	1,265	7	9
2.	—	Dîmes de Dzemma pour la terre de Mater, année 1260.	442	15	3
3.	—	Dîmes de la susdite terre, année 1261.	1,094	9	11
4.	—	Dîmes de Dzemma pour la terre de Mater, année 1261	372	13	»
		TOTAL.	3,175	13	11
5.	—	Dîmes de Dzemma pour la province de Baja, année 1260	205	3	»
6.	—	*Idem* *Idem* pour l'année 1261.	180	5	»
7.	—	Dîmes de la grande Province pour l'année 1260.	2,743	5	5
8.	—	Dîmes de Ghar-el-Melek et quelques autres de Dokhania pour l'année 1260	528	14	11
		TOTAL.	6,833	10	3
9.	—	Dîmes de la grande Province, y compris Mornak et Riah, l'Outan-el-Ioufi et Dokhania pour l'année 1261.	2,541	8	6
10.	—	Dîmes de Ouatan-el-Kebli de la province de Ma-aouin, dites autrefois de Dzemma, pour l'année 1260.	635	14	3
11.	—	*Idem* pour l'année 1261.	316	13	3
12.	—	Dîmes de Bizerte pour l'année 1261.	79	2	3
		TOTAL.	10,407	»	6
13.	—	Dîmes de Sahel et de Bizerte pour l'année 1260.			
14.	—	Fermages de Si Mohammed caïd Sous et Si el Hadj Hamda Bel-Hadj . .	6,000	»	»
15.	—	Fermages de Bizerte pour l'année 1258.	400	»	»
16.	—	*Idem* pour l'année 1259.	400	»	»
17.	—	Fermages des Hannachers pour l'année 1260.	2,000	»	»
18.	—	*Idem* pour l'année 1261	2,000	»	»
		TOTAL.	21,207	»	6

	Report.	21,207	»	6	
19. —	Du caïd, gouverneur de Baja, pour l'année 1259.	1,051	9	3	
20. —	*Idem* pour l'année 1260.	1,029	2	8	
21. —	*Idem* pour l'année 1261, sauf règlement pour le reste	881	8	6	
22. —	Blé d'achat	10,000	»	»	
	TOTAL.	34,169	4	11	
23. —	Ajouter à cela le boni des caffis, qui est d'un quart pour caffis, excepté le blé de la dîme de Mater, dont le boni a été porté sur le registre de la dîme; excepté également les blés des fermages et le blé du caïd de Baja et le blé d'achat. (Ces derniers ne donnent pas de boni.) Le montant du blé produisant le boni porté ci-dessus est de 7,231 2 7. Boni.	1,807	12	7	1/4
		35,977	1	6	1/4
24. —	Boni provenant de la mesure rase calculée sur 6,152 14 10, et la mesure calotte dite chachia 2,332 6 », à raison de deux pour chaque dizaine de caffis, savoir 20 pour 100 sur le blé versé.	1,697	2	6	
25. —	Reliquat du compte porté dans le tableau précédent.	3,493	12	10	1/2
26. —	Reliquat du compte de l'Ouatan-el-Kebli porté sur la feuille 3 à la droite du registre	2,796	2	7	
	TOTAL.	45,964	3	5	
27. —	Dîmes de Sous, Monastir, Sfakes et Bizerte, année 1261.	165	13	1	1/4
28. —	Le quart de boni sur les caffis ci-dessus.	41	7	7	
	TOTAL.	46,171	8	2	

Versements.

		Cafis.	Oueb.	Saâs.	
29. —	Montant des versements, mesure rase.	6,152	14	10	
30. —	*Idem,* mesure marchande.	4,251	3	9	
31. —	*Idem,* faits aux troupes.	19,241	3	»	
32. —	*Idem,* mesure moyenne, dite chachia.	2,332	6	»	
	TOTAL.	31,977	11	7	
33. —	Montant du blé dont le Bey a disposé en faveur de plusieurs personnes. Dans cet article il s'est glissé une erreur de 45 caffis 5 2 1/2, qui se trouvent déduits ci-après.	244	15	7	1/2
34. —	120 jebdas dont le Bey a disposé en faveur de divers particuliers pendant deux ans, avec l'augmentation du quart pour caffis.	150	»	»	
35. —	Versements faits à la boulangerie du Bardo pendant une année, à partir du mois de chaban 1260 jusqu'au mois de redjeb 1261.	3,380	1	9	
	TOTAL.	35,752	12	11	1/2
36. —	Resté entre les mains des agriculteurs, année 1260.	801	3	6	
37. —	*Idem,* année 1261.	1,031	11	8	
	TOTAL des restes précédents.	6,035	»	»	
	TOTAL.	43,620	12	1	1/2

	Report.	43,620	12	1 1/2
38. —	Versements faits à la boulangerie de Halk-el-Ouad pendant trois années, à partir de sfar 1259, et finissant à hedja 1261	4,574	11	2
39. —	Versements faits en vertu de teskeré du Bey à Si Mohammed-el-Merabet, en redjeb, année 1261.	6	»	»
40. —	Versements en faveur de Si Elcheik Mohammed Lasseram, directeur de la comptabilité du Bey, faits en vertu de teskerés du Bey, les années 1258, 1259 et 1260. . . . . , ...	14	»	»
41. —	Montant du produit des terres qui ont été données par le Bey faisant partie de la totalité des terres affermées.	331	4	»
	Total.	48,546	15	2
42. —	A déduire le montant du produit des terres données par le Bey, attendu que ce dernier article sera réglé plus tard.	331	4	»
	Total.	48,215	11	2
43. —	Versements en vertu du teskeré du Bey en date du mois de ramadan 1260 adressé à Si el Hadji Hassouna Bel en Hadji, et par l'intermédiaire de Si Mahmoud Kassas, au troisième régiment en garnison à Monastir	100	»	»
44. —	Versement en vertu du teskeré du Bey, en date de 1259, pour les honoraires des géomètres pour la terre de la province de Ouatan-el-Kebli.	4	»	»
	Total.	48,319	11	2
45. —	Versement en vertu du teskeré du Bey en date de redjeb 1260, pour l'approvisionnement des troupes de l'Aghaouat.	5	»	»
46. —	Ajouter à cela les versements faits à la boulangerie de Halk-el-Ouad en moharem 1259, à cause que le teskeré pour pouvoir les régulariser avait été égaré, et que maintenant il a été retrouvé	86	13	»
	Total.	48,411	11	8
47. —	A déduire, comme il a été dit précédemment, à cause d'une erreur qui s'était glissée dans le montant du blé dont le Bey avait disposé en faveur de plusieurs personnes.	45	5	2 1/2
	Total.	48,366	3	8 1/2
48. —	A déduire les recettès des versements.	46,171	8	2
	Reste.	2,194	11	6 1/2
	Total des versements comme au registre du Bey.	48,355	1	3 1/2
	A déduire le total des recettes, comme au registre susmentionné. . . .	46,173	14	6
	Excédant.	2,181	2	6

Règlement de compte du blé du colonel Mohammed Benaïad pour les années 1260 *et* 1261.

Nous avons réglé notre compte avec notre noble fils le colonel Mohammed Benaïad, directeur de l'entrepôt de blé, pour le blé qu'il a reçu pendant les deux étés de l'an 1260 et 1261, et dont la quantité est de 46,173 caffis 14 ouébas 9 saâs et demi, et pour celui qu'il a livré, ces livraisons s'élevant à 48,355 caffis 1 ouébat 3 saâs et demi, y compris l'arriéré dû par les contribuables, dont le montant est de 7,867 caffis 15 ouébas 3 saâs et demi. Mohammed Benaïad reste donc créancier pour solde de la quantité excédante de 2,181 caffis 3 ouébas et 4 saâs, comme cela est détaillé sur son compte dans le registre.

En date du 8 chaoual 1262.

Signé : AHMED, Pacha-Bey.

Pièce justificative n° 13.

COMPTE RÉGLANT LES VERSEMENTS ET LES RECETTES DE BLÉ DE MAHMOUD BENAÏAD POUR LES ANNÉES 1264, 1265 ET 1266.

COMPTE C.

Recettes.

		Caffis.	Oueb.	Saâs.
1. —	Dîmes de Sous, par l'intermédiaire de son caïd, pour l'année 1363. .	778	6	»
2. —	*Idem* du Monastir, *idem*, pour l'année 1263. .	537	5	10 1/2
3. —	*Idem*, *idem*, pour la même année.	225	6	6
4. —	Montant de froment changé contre de l'orge, en raison d'un caffis de blé contre deux d'orge.	1,656	13	7 1/2
	TOTAL.	3,197	»	»

Suite du registre de la Rabta, année 1264.

		Caffis.	Oueb.	Saâs.	Caffis.	Oueb.	Saâs.
5. —	Dîmes de la terre de Mornak, el-Gharbi, Riah et Dokhania, non compris le quart.	887	2	9			
6. —	Dîmes de la province de Bizerte, El-Ioufi et Dokhania, non compris le quart	690	5	»			
7. —	Dîmes des terres Elkias de la province de El-Kebli, non compris le quart.	179	1	3			
8. —	Dîmes des terres dites dîmes de Dzemma, de la province de El-Kebli, non compris le quart. . .	230	8	»			
9. —	Dîmes de Dokhania, de la susdite province, non compris le quart.	67	13	»			
10. —	Dîmes des terres dites dîmes de Dzemma, de la province de Baja, non compris le quart.	79	8	»			
	TOTAL.	2,134	6	»			
11. —	Ajouter à tout cela le quart qui n'a pas été compris, comme il est dit ci-dessus.	533	9	6			
	TOTAL.	2,667	15	6	2,667	15	6
	TOTAL.				5,864	15	6
12. —	Montant des dîmes des terres Elkias, province de Mater, compris le quart				702	8	7
13. —	Montant des dîmes dites dîmes de Dzemma, province de Mater, compris le quart.				241	9	»
	TOTAL.				6,809	1	1

		Report.				6,809	1	1

Suite du registre de la Rabta, année 1265.

14.	—	Dîmes de la province de Mornak, El-Gharbi, Riah et Dokhania, non compris le quart	1,351	11	4			
15.	—	Dîmes de la province de El-Ioufi, Bizerte et Dokhania, non compris le quart	995	14	»			
16.	—	Dîmes des terres ou Hannacher, dîmes dites de Dzemma, d'El-Ouatan, El-Kebli, non compris le quart.	298	13	4			
17.	—	Dîmes des terres ou Hannacher, Elkias, El-Ouatan, El-Kebli, non compris le quart..	155	15	9			
18.	—	Dîmes de El-Dokhania, El-Ma-Aouin et les terres ci-dessus mentionnées, non compris le quart. .	57	10	»			
19.	—	Ajouter à cela le quart de boni sur chaque caffis. .	715	»	2 1/2			
		TOTAL.	3,575	1	» 1/2			
20.	—	Dîmes de la terre Hannacher-Elkias, province de Mater, y compris le quart	818	11	7			
21.	—	Dîmes Hannacher, pour la dîme dite Dzemma et la province de Mater, y compris le quart	271	14	»			
22.	—	Dîmes pour les terres Hannacher et la dîme dite Dzemma, comprenant la province de Baja . . .	95	10	»			
		TOTAL.	4,761	4	7 1/2	4,761	4	7 1/2
		TOTAL.				11,570	5	8 1/4

Suite du registre de la Rapta, année 1266.

23.	—	Dîmes pour la province de Mornak, El-Gharbi, El-Riah et Dokhania, non compris le quart.	1,128	1	9			
24.	—	Dîmes pour la province de Ioufi, Bizerte et Dokhania, non compris le boni, qui est d'un quart.	1,172	8	6			
25.	—	Dîmes des terres ou Hannacher pour la dîme de Dzemma et la province El-Kebli, non compris le boni, qui est d'un quart.	355	11	9			
26.	—	Dîmes des terres Hannacher, Elkias et la province El-Kebli, non compris le boni, qui est d'un quart.	150	2	9			
27.	—	Dîmes de la province Dokhania-el-Ma-Aouin et la province d'El-Kebli, non compris le quart de boni.	103	11	»			
		TOTAL.	2,910	3	9			
28.	—	Ajouter sur ces cinq derniers articles un boni d'un quart.	737	8	11 1/4			
		TOTAL.	3,637	12	8 1/4			
29.	—	Dîmes des terres Elkias et la province de Mater, y compris le quart de boni.	850	12	3			
30.	—	Dîmes de Hannacher, dîmes dites de Dzemma et de la province de Mater, y compris le quart de boni.	289	11	»			
		TOTAL.	4,778	3	11 1/4	4,778	3	11 1/4
		TOTAL.				16,348	7	7 3/4

N°	Désignation	Sommes partielles	Totaux
	Report.		16,348 7 7 3/4
31. —	Montant du produit des terres ou Hannacher, affermées pour l'année 1264.	1,471 6 3	
32. —	*Idem* pour l'année 1265.	1,393 13 »	
33. —	*Idem* pour l'année 1266.	1,202 3 »	
	TOTAL.	4,067 6 3	4,067 6 3
	TOTAL.		20,415 15 10 3/4
34. —	Montant du revenu de Djininat, de Baja, pour l'année 1264	996 » 8	
35. —	Montant du revenu de Djininat, de Baja, pour l'année 1265	1,050 12 5	
36. —	Produit de la Djininat, de Baja, année 1266	300 » »	
	TOTAL.	2,346 13 1	
37. —	Produit de la terre ci-dessus mentionnée, restant dû par Si Hamda-Chebab, année 1264.	126 8 »	
38. —	*Idem* pour l'année 1265.	30 14 3	
	TOTAL.	2,503 12 »	2,503 12 »
	TOTAL.		22,919 11 10 3/4
39. —	Ajouter à cela le montant du blé d'achat en deux fois.		30,000 » »
	TOTAL.		52,919 11 10 3/4
40. —	Ajouter à ce total le boni provenant de la mesure rase, et celle moyenne prescrit par les teskerés.		1,925 8 »
41. —	Ajouter à cela le reliquat d'un compte antérieur au présent.		10,190 10 11 1/2
42. —	Ajouter à ce total les arriérés dus par des tiers, suivant le registre		11,803 11 10
	TOTAL.		76,839 10 8 1/4
43. —	A déduire les versements faits, ainsi qu'il est constaté dans le folio à gauche du registre.		65,827 5 9 1/4
	RESTE.		11,012 4 11
44. —	Le cheik a ajouté le boni de la mesure rase à celle moyenne, suivant teskeré émis pour payement de pension.		59 » »
	TOTAL.		11,071 4 11

Versements de blé, suivant teskeré, mesure marchande.

Teskeré pour le restant dans la boulangerie du Bardo jusque fin ramadan 1265.	4,409	11	8	
Teskeré pour le restant du Bourghol, provision de troupes, année 1265.	7,840	3	1	1
Teskeré pour le restant de Dabdaba jusque fin ramadan 1265.	221	14	6	
Teskeré pour le restant de la boulangerie du 15me régiment, fin ramadan 1265.	1,629	10	7	1
Teskeré pour le restant de la boulangerie de Halk-el-Ouad, fin ramadan 1265.	3,076	8	9	3
Total.	17,178	»	8	1
Teskeré pour le restant du 1er régiment, fin ramadan 1265.	4,831	15	4	
Teskeré pour le restant de la boulangerie de Halk-el-Ouad, fin hedja 1266.	1,674	11	10	1
Teskeré pour le restant de la boulangerie du 5me régiment, fin hedja 1266.	1,618	13	6	
Teskeré pour le restant de la boulangerie du 1er régiment, fin hedja 1266.	1,565	1	5	
Total.	26,868	10	9	
Teskeré pour le restant de la boulangerie de Dabdaba, fin hedja 1266.	157	6	»	
Teskeré pour le restant de la boulangerie du Bardo, fin hedja 1266. .	3,657	7	1	1
Montant des jebdas concédées à des tiers, aux mosquées et aux marabouts, année 1264.	75	»	»	
Idem. idem, idem, année 1265.	75	»	»	
Idem. idem, idem, année 1266.	75	»	»	
Montant des teskerés de concessions, y compris le quart.	223	11	5	
Montant des teskerés à mesure rase.	6,905	11	7	3
Montant des teskerés à mesure moyenne, dite calotte ou chechia. . . .	2,721	11	»	
Montant des teskerés à mesure marchande	9,832	12	6	
Total.	50,592	1	11	1
Montant de l'excédant de l'année 1266, et autres excédants inférieurs, arriérés dus par des agriculteurs.	15,235	3	10	
Total.	65,827	5	9	1

LOUANGE A DIEU!

Nous avons réglé notre compte avec le noble général, notre fils, Mahmoud Benaïad, directeur de Rabta, sur le froment qu'il a reçu pendant deux ans et onze mois, expirés en djoumad-el-aoual l'année 1267, excepté la contribution de Sahel et de Kéraouan, qui n'entre pas dans le compte depuis 126 Dans ce compte est entré également le froment acheté par son entremise avec la livraison qu'il en a fa pendant le susdit temps.

Tout compte fait, il reste entre ses mains 11,071 caffis un quart et 21 saâs, comme cela est bien expliq en détail dans le registre, article par article.

Fait en date du mois de redjeb 1267 de l'hégire (mai 1851).

Signé : AHMED, Pacha-Bey.

Pièce justificative n° 14.

Trois teskerés du Bey portant règlement de 32,339 caffis de blé versés aux boulangeries dites subsistances militaires de la Casba.

LOUANGE A DIEU!

Nous avons réglé avec notre cher fils Mahmoud Benaïad, fermier des subsistances militaires de la Casba, le compte du froment qu'il a reçu et des fournitures qu'il a faites pendant un an et dix jours, à partir du 11 moharem 1258 jusques et y compris le 20 moharem 1259.

Le montant du froment qu'il a reçu est de 3,214 caffis et demi, et celui de ses fournitures est de 2,863 caffis, 13 ouébas et 5 saâs 1/2. Après déduction faite, il reste débiteur de 350 caffis, 10 ouébas et 5 saâs et demi, dont il tiendra compte plus tard, comme cela est inscrit sur son compte dans le registre, article par article.

Écrit dans le mois de sfar 1260.

Signé : AHMED, Pacha-Bey.

LOUANGE A DIEU!

Nous avons réglé avec notre fils le général Mahmoud Benaïad, directeur des subsistances militaires de la Casba, le compte du froment de la Rabta, qu'il a reçu, en vertu de nos teskerés, pour fabriquer du froment pilé, du couscoussou et de la grosse farine; et ce compte s'est élevé à 16,566 caffis, 10 ouébas et 6 saâs et demi.

Le montant de ses fournitures en articles ci-dessus mentionnés, pendant cinq ans et quatre mois, à partir du mois de moharem 1259, est de 21,631 caffis, 10 ouébas et 2 saâs 3/4. Ainsi, après décharge entière de ses perceptions, il lui revient un excédant de 5,068 caffis, 15 ouébas et 7 saâs 1/4, comme cela est porté sur son compte dans le registre.

Écrit le 18 djoumad-el-tani 1264.

Signé : AHMED, Pacha-Bey.

LOUANGE A DIEU!

Nous avons réglé avec notre fils le général Mahmoud Benaïad, directeur des subsistances militaires, le compte du froment qu'il a reçu pour les susdites subsistances, pendant un an et demi, à partir de djoumad-el-aoual 1264, jusques et y compris le mois de chaoual 1266.

Le montant de ses fournitures, déduction faite de ses bénéfices, est de 7,840 caffis, 3 ouébas, 1 saâ 1/4, qui seront portés à son avoir dans son compte sur la Rabta, s'il plaît à Dieu, comme cela est détaillé sur son compte au registre.

Écrit le 18 hedja 1266.

Signé : AHMED, Pacha-Bey.

Pièce justificative n° 15.

DIX-NEUF TESKERÉS DE VERSEMENTS POUR 58,787 CAFFIS AUX BOULANGERIES DE LA CASERNE DU 1er RÉGIMENT DE HALK-EL-AOUAD, DE DABDABA ET DES 5e ET 6e RÉGIMENTS A LA MAHOMÉDIE.

1° *Cinq teskerés réglant le compte des versements faits par le général Benaïad à la caserne du 1er régiment.*

LOUANGE A DIEU!

Nous avons réglé avec notre fils Mahmoud Benaïad, fermier de la fabrication du pain pour la troupe dans la boulangerie de la caserne du 1er régiment, le compte du froment qu'il a reçu à cet effet, et celui des livraisons qu'il a effectuées pendant un an moins dix jours, à partir du 11 moharem 1258 jusqu'à la fin de hedja de la même année.

La totalité du froment qu'il a reçu est de 2,825 cafis, 7 ouébas et 9 saâs; et le montant de ses livraisons est de 2,459 caffis, 7 ouébas et 6 saâs, dont on lui demandera compte plus tard, comme cela est inscrit sur son compte dans le registre, article par article.

Écrit dans le mois de rabi-el-tani 1260.

Signé: AHMED, Pacha-Bey.

LOUANGE A DIEU!

Nous avons réglé avec notre cher fils Mahmoud Benaïad, général de brigade et fermier de la fabrication du pain pour les soldats dans la boulangerie du 1er régiment, le compte du froment qu'il a reçu et celui du pain qu'il a livré pendant quatre ans, depuis le mois de moharem 1259 jusqu'au mois de hedja 1262.

La totalité du froment qu'il a reçu pendant ce temps est de 14,913 caffis, 13 ouébas et 4 saâs 1/2; et le montant de ses fournitures s'élève à 8,777 caffis, 14 ouébas et 7 saâs 1/2. Il reste donc entre ses mains 6,185 caffis, 14 ouébas et 9 saâs, comme cela résulte de son compte au registre.

Écrit le 4 djoumad-el-tani.

Signé: AHMED, Pacha-Bey.

Nota. En marge se trouvent ces mots : a été porté sur le compte suivant.

LOUANGE A DIEU!

Nous avons réglé avec notre cher fils Mahmoud Benaïad, général de brigade et fermier de la boulangerie du 1er régiment, le compte du froment qu'il a reçu et celui du pain qu'il a livré pendant un an et six mois, finissant au mois de djoumad-el-tani 1264.

La totalité du froment qu'il a reçu est de 7,165 caffis, 10 ouébas et 3 saâs; et la totalité de ses fournitures, y compris celle de la boulangerie des 5e et 6e régiments et le restant du compte de la Casba, tous ces divers comptes étant réunis en celui-ci, est de 1,667 caffis 1/2, 6 saâs 3/4; et il est entièrement libéré de ses perceptions.

Après déduction faite, il lui revient un excédant de 3,500 caffis, 14 ouébas et 3 saâs 3/4, comme cela est inscrit sur son compte au registre.

Écrit le 23 de redjeb 1264.

Signé : AHMED, Pacha-Bey.

LOUANGE A DIEU!

Nous avons réglé avec notre fils Mahmoud Benaïad, général de brigade et fermier de la fabrication du pain dans la boulangerie du 1er régiment, le compte du froment qu'il a reçu et celui du pain qu'il a livré pendant un an et trois mois, à partir de redjeb 1264 jusqu'au mois de ramadan 1265. Il lui revient un excédant de 4.831 caffis, 15 ouébas et 4 saâs de froment, dont on lui tiendra compte dans son premier règlement, s'il plaît à Dieu, comme il est inscrit sur son compte dans le registre, article par article.

Écrit le 25 hedja.

Signé : AHMED, Pacha-Bey.

Nota. En marge il est écrit : a été porté sur le compte de la Rabta.

LOUANGE A DIEU!

Nous avons réglé avec notre cher fils le général Mahmoud Benaïad, directeur de la boulangerie de la caserne du 1er régiment, le compte du froment qu'il a reçu et celui du pain qu'il a fourni pendant un an et trois mois, à partir du mois de chaoual 1265 jusqu'au mois de hedja 1266.

Déduction faite du bénéfice, il lui est dû 1,565 caffis, 1 ouébat et 5 saâs, dont on lui tiendra compte dans son règlement sur la Rabta, s'il plaît à Dieu, comme cela est inscrit sur le registre de son compte détaillé.

Écrit le 12 de sfar 1267.

Signé : AHMED, Pacha-Bey.

En marge se trouvent ces mots : a été porté sur le compte de la Rabta.

2° *Six teskerés réglant le compte des versements faits à la boulangerie de Halk-el-Aouad.*

LOUANGE A DIEU!

Nous avons réglé avec notre cher fils Mahmoud Benaïad, colonel, et fermier de la boulangerie de Halk-el-Aouad, le compte de ses livraisons pendant trois ans, du 1er moharem 1259, jusqu'à la fin de hedja 1261.

La totalité de ses livraisons est de 4,661 caffis, 12 ouébas et 9 saâs 1/2 de froment, comme cela résulte de son compte sur le registre. Cette quantité a été portée à son avoir dans le compte de son père, sur la direction de la Rabta.

Le 8 chaoual 1262.

Signé: AHMED, Pacha-Bey.

LOUANGE A DIEU!

Nous avons réglé avec notre cher fils Mahmoud Benaïad, général de brigade et directeur de la boulangerie de Halk-el-Aouad, le compte de pain qu'il a livré aux troupes et à d'autres pendant l'année 1262.

La totalité de ses livraisons, pendant ledit temps, est de 1,898 caffis, 6 ouébas et 9 saâs de froment, qui ont été portés dans le compte de son père sur la Rabta pour l'année 1262, comme cela résulte de son compte sur le registre.

Le 8 djoumad-el-tani 1264.

Signé : AHMED, Pacha-Bey.

LOUANGE A DIEU!

Nous avons réglé avec notre cher fils le général de brigade Mahmoud Benaïad, directeur de la boulangerie de Halk-el-Aouad, le compte du pain qu'il a livré à notre palais et aux soldats y demeurant, y compris le pain des habitués, le biscuit, le froment pilé, pendant deux ans et trois mois, à partir du mois de chaoual 1256 jusqu'au mois de hedja 1258.

Le montant de ces livraisons est de 3,544 caffis, 12 ouébas et 4 saâs 1/2 de froment, qui ont été portés en totalité dans le compte de son père sur la Rabta pour l'année 1262, comme cela résulte du registre.

Le 18 djoumad-el-tani 1264.

Signé : AHMED, Pacha-Bey.

LOUANGE A DIEU!

Nous avons réglé avec notre cher fils Mahmoud Benaïad, général de brigade et directeur de la boulangerie de Halk-el-Aouad, le compte du pain qu'il a fait faire pour la troupe et pour d'autres pendant l'année 1263.

Le montant de ses livraisons pendant le susdit temps est de 3,303 caffis, 7 ouébas, que nous avons portés à son avoir dans son compte sur la Rabta pour la susdite année, comme cela résulte de son compte sur le registre.

Le 23 redjeb 1264.

Signé : AHMED, Pacha-Bey.

LOUANGE A DIEU!

Nous avons réglé avec notre cher fils Mahmoud Benaïad, général de brigade et fermier de la fabrication du pain pour la troupe dans la boulangerie de Halk-el-Aouad, le compte du froment qu'il a reçu et celui du pain et autres articles qu'il a livrés pendant un an et neuf mois, à partir du mois de moharem 1264 jusqu'au mois de ramadan 1265.

Le montant de ses livraisons est de 3,076 caffis 1/2, 9 saâs 3/4 de froment, dont il lui sera tenu compte dans son règlement sur la Rabta, si Dieu le veut.

Notre fils Mahmoud n'a rien reçu en fait de froment pour ses livraisons, comme cela résulte de son compte sur le registre, article par article.

Écrit le 2 moharem 1266.

Signé : AHMED, Pacha-Bey.

En marge se trouvent ces mots : a été porté dans le compte de la Rabta.

LOUANGE A DIEU!

Nous avons réglé avec notre cher fils le général Mahmoud Benaïad, directeur de la boulangerie de Halk-el-Aouad, le compte du pain qu'il a livré aux soldats de la marine et de l'artillerie, au palais, aux habitués et autres, pendant un an et trois mois, à partir du mois de chaoual 1265 jusqu'au mois de hedja 1266.

La totalité du froment qu'il a livré pendant ce temps est de 1,674 caffis, 11 ouébas et 10 saâs 1/2, qui seront portés à son avoir dans son compte sur la Rabta, s'il plaît à Dieu, comme cela est inscrit dans son compte sur le registre.

Écrit le 1er rabi-el-aoual 1267.

Signé : AHMED, Pacha-Bey.

En marge se trouvent ces mots : a été porté sur le compte de la Rabta.

3° *Cinq teskerés réglant le compte des versements faits à la boulangerie de Dabdaba.*

LOUANGE A DIEU!

Nous avons réglé avec notre fils Mahmoud Benaïad, fermier de la fabrication du pain pour les soldats turcs dans la boulangerie de Dabdaba, le compte du froment qu'il a reçu, et celui des livraisons qu'il a faites pendant un an moins dix jours, à partir du 11 moharem 1258 jusqu'à la fin de hedja de la même année.

Ses perceptions se montent à 297 caffis 1/2 et 9 saâs, et ses livraisons sont de 277 caffis et 6 ouébas. Déduction faite, il reste débiteur de 20 caffis, 2 ouébas et 9 saâs, dont il tiendra compte plus tard, comme cela est porté sur son compte dans le registre, article par article.

Écrit dans le mois de sfar 1260.

Signé: AHMED, Pacha-Bey.

LOUANGE A DIEU!

Nous avons réglé avec notre cher fils le général Mahmoud Benaïad, fermier de la fabrication du pain pour les soldats dans la boulangerie de Dabdaba, le compte du froment qu'il a reçu, et celui du pain qu'il a livré pendant quatre années, à partir de moharem 1259 jusqu'à la fin de 1262.

Le montant de ses perceptions est de 772 caffis 1/2 et 5 saâs; et celui de ses livraisons pendant ce temps est de 872 caffis 1/2, 1 ouébat et 4 saâs 1/2 de froment. Il a été entièrement libéré de ses perceptions, et il lui revient sur ses fournitures un excédant de 100 caffis et 11 saâs, comme tout cela est porté sur son compte dans le registre.

4 djoumad-el-tami 1264.

Signé: AHMED, Pacha-Bey.

Nota. En marge, on lit ces mots : « a été porté dans le compte suivant. »

LOUANGE A DIEU!

Nous avons réglé avec notre cher fils Mahmoud Benaïad, général de brigade et fermier de la fabrication du pain des soldats dans la boulangerie de Dabdaba, le compte du froment qu'il a reçu et celui du pain qu'il a fourni pendant un an et six mois, finissant au mois de djoumad-el-tani 1264.

La totalité de ses recettes en froment s'élève à 584 caffis et 2 ouébas; et ses fournitures sont de 495 caffis, 3 ouébas et 4 saâs 1/4. Il reste donc entre ses mains 88 caffis, 14 ouébas, 7 saâs 3/4, comme cela est porté sur son compte dans le registre.

Écrit le 23 redjeb 1264.

Signé : AHMED, Pacha-Bey.

LOUANGE A DIEU!

Nous avons réglé avec notre cher fils le général Mahmoud Benaïad, directeur de la fabrication du pain des soldats dans la boulangerie de Dabdaba, le compte du froment et de l'orge qu'il a reçus, et celui du pain qu'il a livré pendant quinze mois, depuis le mois de redjeb 1264 jusqu'au mois de ramadan 1265.

Il lui revient un excédant de 221 caffis, 14 ouébas et 6 saâs, dont on lui tiendra compte dans un autre règlement que celui-ci, comme cela est porté sur son compte, dans le registre, article par article.

Écrit le 25 hedja 1265.

Signé : AHMED, Pacha-Bey.

Nota. On lit en marge : « a été porté sur le compte de la Rabta. »

LOUANGE A DIEU!

Nous avons réglé avec notre cher fils le général Mahmoud Benaïad, directeur de la boulangerie de Dabdaba, le compte du froment et de l'orge qu'il a employés à la fabrication du pain des soldats turcs dans la boulangerie précitée, pendant quinze mois, à partir de chaoual 1265 jusqu'à hedja 1266.

Ces fournitures sont de 209 caffis et 6 ouébas. On lui tiendra compte en froment des trois quarts, s'élevant à 157 caffis et 6 saâs, dans son règlement sur la Rabta; le quart restant, qui s'élève à 52 caffis, 6 ouébas et 6 saâs, et pour lequel nous lui avons donné un autre teskeré que celui-ci, sera porté à son avoir dans son compte de l'Alfa, comme cela est inscrit sur son compte dans le registre, article par article.

Écrit le 12 sfar 1267.

Signé: AHMED, Pacha-Bey.

Nota. On lit en marge : « a été porté sur le compte de la Rabta. »

4° Trois teskerés réglant le compte des versements faits à la boulangerie des 5e et 6e régiments, sise à la Mahomédie.

LOUANGE A DIEU!

Nous avons réglé avec notre cher fils Mahmoud Benaïad, général de brigade et fermier de la boulangerie des 5e et 6e régiments, le compte du froment qu'il a reçu et celui du pain qu'il a livré pendant trois ans et huit mois, depuis le 1er de djoumad-el-aoual 1259 jusqu'à la fin de l'année 1262.

La totalité du froment qu'il a reçu est de 7,769 caffis, 11 ouébas et 10 saâs; et la totalité de ses livraisons est de 7,769 caffis, 14 ouébas et 4 saâs de froment. Il est resté entre ses mains 760 caffis, 13 ouébas et 6 saâs de froment, comme cela résulte de son compte au registre.

Écrit le 4 djoumad-el-tani 1264.

Signé: AHMED, Pacha-Bey.

En marge se trouvent ces mots: Le restant a été porté sur le compte de la boulangerie du 1er régiment.

LOUANGE A DIEU!

Nous avons réglé avec notre cher fils Mahmoud Benaïad, général de brigade et fermier de la fabrication du pain des 5e et 6e régiments dans la boulangerie de Mahomédie, le compte du froment qu'il a reçu et celui du pain qu'il a livré pendant un an et trois mois, à partir du mois de redjeb 1264 jusqu'au mois de ramadan 1265.

La totalité de ses livraisons est de 2,024 caffis 1/2 et 7 saâs 1/2, y compris le bénéfice. Déduction faite de ce bénéfice, il lui reste dû 1,629 caffis, 10 ouébas et 7 saâs 1/2, qui seront portés à son avoir dans un autre compte que celui-ci, s'il plaît à Dieu!

Sidi Mahmoud n'a rien reçu pour ces livraisons, comme cela résulte de son compte au registre, article par article.

Écrit le 25 hedja 1265.

Signé: AHMED, Pacha-Bey.

On lit en marge: a été porté sur le compte de la Rabta.

LOUANGE A DIEU!

Nous avons réglé avec notre fils le général Mahmoud Benaïad, directeur de la boulangerie de Mahomédie, le compte des livraisons du pain qu'il a fabriqué pour les 5e et 6e régiments, caserné à Mahomédie, pendant un an et trois mois, à partir du mois de chaoual 1265 jusqu'au mois de hedja 1266. La totalité du froment qui a été livré pendant ce temps est de 1,618 caffis, 13 ouébas et 5 saâs, qui seront portés à son avoir dans son compte sur la Rabta, s'il plaît à Dieu, comme cela est inscrit sur son compte dans le registre détaillé.

Écrit le 1er rabi-el-aoual 1267.

Signé : AHMED, Pacha-Bey.

Pièce justificative n° 16.

Cinq teskerès portant règlement de 29,686 caffis de blé versés à la boulangerie du Bardo.

LOUANGE A DIEU!

Nous avons réglé avec notre respectable fils Mohammed Benaïad, directeur de la boulangerie du Bardo, le compte du froment qu'il a reçu de la Rabta pendant une seule année, commençant au 1er chaban 1259, ainsi que le compte du pain, du biscuit et d'autres articles qu'il a livrés pendant ladite époque.

La totalité du froment qu'il a reçu est de 254 caffis, 12 ouébas et 4 saâs, dont il a été entièrement libéré, comme cela résulte de son compte sur le registre article par article.

16 moharem 1261.

Signé : AHMED, Pacha-Bey.

LOUANGE A DIEU!

Nous avons réglé avec notre respectable fils le colonel Mohammed Benaïad, directeur de la boulangerie du Bardo, le compte des livraisons de froment qu'il a effectuées pendant une seule année, commençant au 1er chaban 1260.

La totalité de ses livraisons est de 3,580 caffis, 1 ouébat et 9 saâs et demi de froment, comme cela résulte de son compte au registre. Cette quantité a été portée à son avoir dans son compte de la direction de la Rabta.

Le 8 chaoual 1261.

Signé : AHMED, Pacha-Bey.

LOUANGE A DIEU!

Nous avons réglé avec notre cher fils, Mahmoud Benaïad, général de brigade et directeur de la boulangerie du Bardo, le compte de ses livraisons de pain de toute espèce, qui a été fabriqué dans ladite boulangerie, ainsi que le compte des biscuits, des galettes, de la semoule et du couscoussou.

La totalité de ses livraisons est de 9220 caffis, 13 ouébas et 7 saâs de froment, pendant trois années, finissant au mois de redjeb 1264, comme cela est inscrit dans son compte sur le registre, conformément à l'ordre que nous avons donné concernant le mode de régler ce compte, que nous avons revêtu de notre signature.

Cette quantité a été portée à son avoir, dans les livraisons de la Rabta, dont le compte a été réglé pour un an et demi, finissant en djoumad-el-tani 1264.

Le 23 ramadan 1265.

Signé : AHMED, Pacha-Bey.

LOUANGE A DIEU!

Nous avons réglé avec notre cher fils le général Mahmoud Benaïad, directeur de la boulangerie du Bardo, le compte du froment qu'il a livré dans cette boulangerie pour pain, biscuit, galettes et autres articles, pendant un an et trois mois, à partir du mois de redjeb 1364 jusqu'au mois de ramadan 1265, excepté la provision des officiers et cavaliers qui logent au Bardo, et qui ne sont compris que pour quatorze mois, depuis le mois de djoumad-el-tani 1264 jusqu'à la fin de chaban 1265. Nous avons également réglé avec lui le compte des rations nécessaires, fournies par lui pendant un an et deux mois, depuis le mois de chaban 1264 jusqu'à la fin de ramadan 1265. La totalité de toutes ces fournitures est de 4,409 caffis et demi, 3 ouébas et 8 saâs, qui seront portés à son avoir dans son compte de la Rabta, s'il plaît à Dieu, comme cela est inscrit dans son compte sur le registre, article par article.

Le 3 djoumad-el-tani 1266.

Signé : AHMED, Pacha-Bey.

En marge sont ajoutés ces mots : a été porté sur le compte de la Rabta.

LOUANGE A DIEU!

Nous avons réglé avec notre vénérable fils Mahmoud Benaïad, général de brigade et directeur de la boulangerie du Bardo, le compte du froment qu'il a consommé pour fabrication de pain, de galettes, de biscuit et d'autres articles, pendant un an et trois mois, à partir du mois de chaoual 1265 jusqu'à la fin de l'année 1266, excepté le pain des officiers et des cavaliers de la patrouille du Bardo, qui ne sont compris dans ce compte que pour dix mois seulement. La totalité de toutes ces fournitures est de 3,657 caffis, 7 ouébas et 1 saâ et demi, qui seront portés à son avoir dans son compte sur la Rabta, s'il plaît à Dieu, comme cela est inscrit dans son compte au registre, article par article.

Le 6 rabi-el-tani 1267.

Signé : AHMED, Pacha-Bey.

En marge se trouvent ces mots : a été porté sur le compte de la Rabta.

Pièce justificative n° 17.

Amra de fermage pour l'approvisionnement des soldats et les boulangeries des casernes.

LOUANGE A DIEU!

A tous ceux qui liront notre présente ordonnance, généraux de division et de brigade, colonels, lieutenants-colonels, commandants militaires, gouverneurs, préfets, fonctionnaires publics et sujets, que Dieu les protége!

Faisons savoir que l'illustre général de brigade notre fils Mahmoud Benaïad a renouvelé avec nous le fermage de l'approvisionnement des soldats, consistant en couscoussou, froment pilé et pain, de même que le fermage des boulangeries destinées à nos troupes, la boulangerie de Dabdaba, où doit se fabriquer le pain des soldats turcs, et celle de Halk-el-Aouad, pour trois années, à partir du 11 moharem, premier mois de l'an 1264; et ce, moyennant 150 caffis de froment qu'il payera annuellement au gouvernement pendant la période des trois années précitées.

Pour chaque centaine de caffis de froment qu'il aura employés à fabriquer du couscoussou, de la pâte, du froment pilé, et dont il aura fait la livraison, il lui sera tenu compte de 127 caffis 1/2; et pour chaque centaine de caffis qu'il aura employés à fabriquer du pain, il lui sera tenu compte de 119 caffis 1/2.

Quant aux frais de fabrication du couscoussou, de la pâte et du froment pilé, le gouvernement les payera comme d'habitude, ainsi que les frais de la fabrication du pain et de l'entretien des moulins, qui sont également à la charge du gouvernement.

Quant à la boulangerie de Halk-el-Aouad, il recevra du gouvernement dix piastres pour chaque caffis qu'il y aura employé à fabriquer du pain pour les soldats; et il recevra deux piastres et demie pour chaque caffis qu'il y aura employé à faire du pain pour l'arsenal. Les autres frais de la boulangerie de Halk-el-Aouad, consistant en bêtes de somme, fourrage et autres articles, sont à sa charge.

Il ne payera pas de droit pour le froment qu'il y fera manipuler; et cela pour se couvrir du surplus de ses frais de fabrication de pain et de ses déboursés.

Il recevra le froment de la Rabta, mesure marchande; il acceptera le contenu tout entier des silos, comme d'habitude.

Nous le considérons comme tous les fermiers en général et sans aucune exception. Nous recommandons qu'il soit respecté et honoré. Tous ceux qui auront connaissance de notre présente ordonnance sont obligés de l'observer.

Écrit le 27 hedja 1263.

Signé : AHMED, Pacha-Bey.

Pièce justificative n° 18.

Teskeré du Bey, réglant le compte de Mohammed Benaïad pour la Koucha du Bardo, et constatant son titre de directeur de la Rabta.

LOUANGE A DIEU!

Entre les mains de notre fils le parfait, le vénérable et fidèle Mohammed Benaïad, Alaï Emin, directeur de la Rabta, se trouve notre présent teskeré, dans lequel nous déclarons avoir réglé avec lui le compte des fournitures qu'il a faites dans l'affaire de la boulangerie du Bardo, pendant trois ans et dix-sept jours, du 13 de redjeb 1256 au 19 de redjeb 1259.

La totalité de ses livraisons pendant le temps sus-énoncé est de 6,477 caffis, 2 ouébas et 5 saâs 1/2 de froment, qu'il a employés à fabriquer du pain de différentes espèces, biscuits, galettes, semoule, couscoussou et autres, comme cela est d'ailleurs énoncé au registre.

Ce froment est entré dans le compte de ses dépenses de la Rabta, dont il est le directeur; et, en vertu de ce titre, il a le pouvoir de percevoir la totalité du blé provenant des dîmes et autres.

Quant à la boulangerie, il a été chargé de livrer la quantité ci-dessus mentionnée, comme cela est indiqué dans son compte au registre, article par article.

Écrit dans le mois de moharem 1260.

Signé : AHMED, Pacha-Bey.

Pièce justificative n° 19.

Teskeré d'achat de 10,000 *caffis de blé et de* 13,000 *caffis d'orge en participation entre le Kasnadar et le général Benaïad.*

Caffis d'orge.		Caffis de froment.
2,500	Par l'intermédiaire de Sid Aly, caïd des Oulad-Aïar, à raison d'une piastre et demie le ouébat de froment, et à raison d'un dinar le ouébat d'orge.	1,500
2,500	Par l'intermédiaire de Sid Ahmed-Ben-Saléh, caïd des Oulad-One, à raison d'une piastre et demie et un karoub le ouébat de froment, et à raison d'une piastre le ouébat d'orge.	1,500
4,000	Par l'intermédiaire de Sid Saléh et du gouverneur de Kafe, à acheter de Dakhlat et autre part, à raison de deux piastres le ouébat de froment, et à raison d'une piastre le ouébat d'orge	3,000
1,000	Par l'intermédiaire de Sid Mahomed-Ben-Jousouf, à acheter de Baja et de sa province, à raison de deux piastres et demie le ouébat de froment, et à raison d'une piastre le ouébat d'orge	2,000
3,000	Par l'intermédiaire de Sid Hadji Mansour, caïd de Riah, à raison de deux piastres et demie le ouébat de froment, et à raison d'une piastre le ouébat d'orge. . .	2,000
Caffis 13,000		Caffis 10,000

LOUANGE A DIEU!

Notre présent écrit est entre les mains de l'illustre Sidi Mahmoud Benaïad. Nous l'avons autorisé, selon les conventions existantes entre nous, concernant l'association commerciale, à ce qu'il achète dix mille caffis de blé et treize mille caffis d'orge, mesure de Tunis, aux prix ci-dessus mentionnés, par l'intermédiaire des personnes dans les endroits également ci-dessus énoncés, et qu'il les fasse parvenir à destination. Cette autorisation est bonne et valable, et doit avoir son exécution.

Le 5 chaban 1260.

Signé : MOUSTAPHA, kasnadar.

Pièce justificative n° 20.

Trois reçus du général Kher-Eddin sur des achats de blé et d'orge qui lui ont été faits par le général Benaïad.

PREMIER REÇU.

LOUANGE A DIEU!

Nous avons reçu du chevalier caïd Jousouf la somme de 20,000 piastres, par l'intermédiaire du rabbin Mouchi, provenant de l'argent des permis d'huile en vertu du mandat de Sidi Mahmoud Benaïad.

Écrit le 25 chaban 1262.

Signé : KHER-EDDIN.

Nota. Le caïd Jousouf devait de l'argent au général Benaïad pour des permis de sortie d'huile qu'il lui avait achetés. C'est sur cet argent que le général Kher-Eddin a reçu la somme mentionnée.

DEUXIÈME REÇU.

44,645 piastres 6 1/2.

LOUANGE A DIEU!

Notre présent écrit est entre les mains de l'illustre Sidi Mahmoud Benaïad.

Nous lui donnons reçu pour 44,645 piastres 6 1/2 à valoir sur le prix de l'orge et du blé que nous lui avons vendu. — Une somme de 34,600 francs avait été déposée entre nos mains, et lorsque j'étais avec Son Altesse en France, j'ai reçu l'ordre du vizir Sidi Mustapha Kasnadar, de la payer au général Benaïad, au change de 75 centimes la piastre.

Nous avons opéré la compensation sur le prix qui nous est dû pour les céréales, et la somme ci-dessus de 34,600 francs, forme celle de 44,645 piastres pour laquelle je donne reçu.

Fin sfar 1263.

Signé : KHER-EDDIN.

TROISIÈME REÇU.

LOUANGE A DIEU!

Votre présent teskeré est entre les mains de l'illustre général Sid Mahmoud Benaïad.

Nous avons reçu de lui 30,522 piastres 1/2, à valoir sur le prix du blé que nous lui avons vendu; nous avons reçu de lui ladite somme par l'intermédiaire de l'illustre général Sid Osman.

Écrit le 10 keda 1264.

Signé : KHER-EDDIN.

Paris. — Typographie de Henri Plon, imprimeur de l'Empereur, 8, rue Garancière.

www.ingramcontent.com/pod-product-compliance
Ingram Content Group UK Ltd.
Pitfield, Milton Keynes, MK11 3LW, UK
UKHW031926260826
14628UKWH00003B/1442

9 782013 252898